TAXI・ニューヨーク

ニューヨークを走る日本人キャブ・ドライバー物語

若宮 健

花伝社

TAXI・ニューヨーク◆目次

カバー／本文写真撮影——白石　良一

はじめに

タクシードライバーは、時代の空気を最先端で捉える職業である。街のすみずみまで走り、時代の動きを直視し、あらゆる業界の人と接する。映画『タクシードライバー』がヒットしたのも、ニューヨークの実態やニューヨーカーの生き様を、タクシードライバーを通じて見事に表現したからである。

ニューヨークで、日本人タクシードライバーが活躍していることを知ったのは、『日刊ゲンダイ』のコラム「NY裏通信」からであった。ニューヨーク在住の女性ジャーナリスト「さささききさん」さんの記事は、日本人タクシードライバー白石良一さんを見事に紹介していた。さささききさんさんのコラムを読んで、白石さんのことを書きたくなったのである。

さささききさんさんのご協力で、白石さんとも電話で連絡を取ることができた。気の早いことでは人後に落ちない筆者は、二〇〇八年七月三日、早速取材のためニューヨークへ飛んだ。

ニューヨークを走る、日本人タクシードライバー白石さんは魅力的な人物であった。白石さんもさることながら、白石さんを『日刊ゲンダイ』で紹介したジャーナリスト、さささききさんさんも非常に魅力的な女性である。お二人とも、偶然独り者。筆者も独り者。三人とも一匹狼を自認する点でも似たもの同士であった。ささききんさんは、女性一匹狼を自ら認めている。彼女はニューヨークで、フリーのジャーナリストとして活躍しておられる。

ニューヨークで活躍する一匹狼のお二人に会えて、このままニューヨークに住みたい思いに駆られた。日本と違って、すべてが大らかである。そして、緊張感がある。下らない格好はつけない。あらゆる国の人たちが闊歩しているが、ひたむきに生きている。ニューヨークでは、ひたむきに生きている人たちの姿に一番感銘を受けた。日本と違い閉塞感がない。筆者には心地よい街であった。

白石さんは、タクシードライバーとして、色々な国の出身の人々と向き合って生きている。ニューヨークの街をひた走り、緊張感のある毎日を送り、文字通り生きている。日本では、生きているのか死んでいるのか分からないような男が多くなった。管理社会に埋没して、男の覇気を無くし、物とカネに振り回される毎日を送っている。銭がすべての日本人は、見てくれだけの「幸せ芝居」を演じて生きているのである。

今回は、ニューヨークで活躍する、活気溢れるお二人に会えただけでも嬉しかった。そこには、ひたむきに、前向きに生きている姿があった。お二人には、銭よりも大事なものがあることを教えられた思いがする。

1章　ニューヨークを走る白石さん

▼ヒルトン・ニューヨークにて

白石はその日、約束の午前九時の五分前にヒルトン・ニューヨークのロビーに現れた。チェック柄のシャツに短パン、そして、サンダル。服装もニューヨーカーそのものであった。ふくよかな顔をしておられる。目も綺麗な目をしている。鼻の下にひげを蓄えていて、古き良き時代の日本の男を連想させた。ニューヨーカーと、日本男児が見事に調和している。この男は信用できると思った。

▼ニューヨークは人を引きつける街

白石がイエロー・キャブ（ニューヨークではタクシーをキャブと言う）ドライバーの免許を取得したのは一九八八年。今年でちょうど二〇年になる。キャブ・ドライバーの形態は、オーナードライバー、フリートドライバー、リースドライバーの三形態がある。①オーナードライバーは、自分で運転するものもいるが、ブローカーを通じでメダリオン（営業許可証）をドライバーに貸し出している。②フリートドライバーは、フリート会社のガレージへ行って、その日または週単位のリース料を払いキャブを借りる。③リースドライバーは、二人で一台の車を共有し、一日二交代で仕事をする。キャブ・ドライバーはこの三つの形態である。

白石の場合は、②のフリートドライバーである。車のメンテナンスはフリートのガレージで責任を持つ。だから、修理などの心配は要らない。日本のタクシーと違うのは、ドライバーが会社の従業員ではなく、フリートと個人的に契約して車を借りているという点である。フリートにリース料金を払い、あとは全く自由で、自分一人で稼ぎ誰の束縛もない。

白石は、鳥のように自由なキャブ・ドライバーにハマって、あっという間に二〇年が過ぎた。キャブ・ドライバーは、仕事に出れば毎日違うことが起きる。毎日が新鮮なのである。同じお客が乗ることは、東京と同じでほとんどない。キャブの仕事は「一期一会」がピッタリな仕事なのである。もちろん、ニューヨークだから怖い思いをすることもある。しかしそれはそれで、許せる何かがニューヨークには存在する。ニューヨークには人を引きつけるものがあるから、みんな、この街から離れられないのである。

▼白石が訪米した理由とは

白石がアメリカに来たきっかけは、一九八二年にプロのミュージシャンを目指して渡米したことである。アルトサックスでサクセス・ストーリーを実現し、ミュージシャンとして身を立てようとしたのである。カメラの入ったカバンとアルトサックスを手に持って、アメリカに

ニューヨークの日本人キャブ・ドライバー、白石良一氏（撮影筆者）。

渡ってきた。そこには、日本の武士の姿がダブって見えてくる。白石は、日本刀の代わりにアルトサックスを携え、アメリカに乗り込んできた日本の侍である。

白石が渡米した一九八二年は、日本では事故の多い年であった。二月八日に東京・永田町にある「ホテル・ニュージャパン」の火災で死者が三三人も出た。テレビでは火災の模様が放映され、窓枠にぶら下がって助けを求める宿泊客の姿などがリアルに放映された。そして、翌二月九日、羽田空港着陸寸前にDC—8型機が海に墜落して二四人が死亡。メデイアの人間は急に忙しくなり、ジャーナリストたちはニュージャパンだ、羽田だ、と東京を駆け回っていた。事故の原因は、機長がエンジンを逆噴射させたことで、当時「逆噴射」という言葉が流行語になった。「あいつは逆噴射した」などと、よくこの言葉を使ったものである。中国政府が、日本の教科書の「侵略」を「進出」とする記述を批判したのもこの年である。

▼福岡県の出身

白石は、狭い日本に住み飽きたというよりも、アメリカに憧れを持っていた。自由の国、サクセス・ストーリーが実現できる国として、アメリカに住んでみたいと思っていた。福岡は北九州市の生まれで、生家は海に近く、海の見える環境の良いところで育った。子供の頃から、海で釣りをしたりして遊んだ記憶が多い。白石は、子供の頃地平線を眺めながら、外国で暮らしてみたい夢を持っていたのである。港に入る外国の貨物船を見て、貨物船に忍び込んで密航したいと真剣に考えたこともある。それほどアメリカに憧れを持っていた。

最初は、商船大学を目指したが、なかなか合格までにはいたらず一浪した。オイルショックから間もない時代で商船業界も厳しかったので、結局船乗りは諦めた。高校時代から好きだった写真の世界に入ろうと考えて、東京写真大学（現東京工芸大学）へ進学した。大学では写真部に在籍したが、ジャズの研究会も自分で作って、二つのサークルを掛け持ちした。父は、一四歳で八幡製鉄に入社し、夜学に通いながら地元の大学へ進学した苦労人であった。白石の父も海外への夢を持っていた時期があり、ブラジル移民を考えたり、ハワイの大学へ留学を試みたこともあった。

「冒険心が旺盛なのは父の血を引いているから」と白石は言う。工芸大を卒業後、一年間アルバイトでお金を貯めてニューヨークへやってきた。白石がアメリカに来た理由は、ジャズをやりたかったからなのである。凡人は思ってもなかなか実行に移せないものだが、彼は、大学を終えてからいとも簡単に渡米している。今よりも、アメリカに単身渡るにはまだ抵抗の多い時代で、白石の思い切りの良さには感心する。

▼福岡出身にはパイオニアが多い

なぜか、福岡県出身者にはパイオニアが多い。政治家では広田弘毅を筆頭に、石井光次郎も活躍した。作家では赤川次郎。タレントではタモリを筆頭に、草刈正雄や陣内孝則、千葉真一と続く。作曲家の中村八大、井上陽水と、名前だけではなく実力が伴う男が多い。福岡の人間はパイオニア精神が旺盛なのかもしれない。

筆者は、昭和三〇年代はじめ中学生の頃、アメリカ映画が好きでよく映画館へ行った。当時はもちろん、中学生は一人で映画館に入れなかった。規則に逆らっても洋画を観たかったのである。そして、映画の中で見るアメリカに憧れを持ったものだ。広いリビングに、大きな冷蔵庫、大きなテレビ。冷蔵庫の中には、ハムやソーセージなどが沢山入っていた。そして、大きなアメ車を楽しそうに乗り回す。時には乱暴に走らせる姿を見て、いつかはあんな生活がしたい、と思ったものだ。スタンバーグ監督の『モロッコ』のゲイリー・クーパーは良かった。ゲイリー・クーパーが場末の歌手マレーネ・ディートリッヒに「どうしてこんな所にいる」と聞くと「女にも外人部隊があるのよ、ただし、制服も軍旗もない。手柄を立てても勲章はもらえない。傷ついても保障も無い」と語るシーンが印象に残った。今でも忘れない。

▼古き良き時代

筆者が小学生の頃、昭和二〇年代の日本はまだラジオの時代で、ボクシングの白井義男の世界タイトルも、筆者が一二歳のとき、ラジオにかじりついて聞いた記憶がある。昭和二七年五月一九日、後楽園球場に観客四万人を集めフライ級の世界タイトルマッチが行われた。日本人として初めてボクシングの世界チャンピオンが生まれたのが昭和二七年であった。ボクシングの試合に、観客が四万人も押し寄せるとは、現代では想像もつかない。ダド・マリノを破り、日本人で初めて白井義男がフライ級のタイトルを取ったときは、日本中が感動に震えた。あたりかまわず泣いた人も多かった。敗戦からようやく立ち上がった頃で、日本人に生きる勇気を与えたのが白井義男であった。当時テレビは普及していなくて、その後、プロレスで力道山が活躍するようになってから、街頭テレビが現れ、駅の広場などでテレビを映すようになっていった。駅前に設置されていたテレビの前には人だかりができていた。

▼アメリカの市民権を得る

白石は、アメリカの永住権を取るまでは、歯を食いしばっても頑張ろうと誓った。永住権を取るのに一九八二年一〇月から一九八五年八月までかかった。鹿児島出身のオーナーが経営するレストランで必死に働いた。大学時代にも、レストランでバイトをした経験があり、調理師の免許も持っているから、コックの仕事はこなせたのである。市民権は、労働局が許可しても、移民局ではねられる事もある。オーナーの協力がありがたかった。白石が福岡出身ということもあり、親身になって協力してくれたのである。当時は、今と比べると比較的短い期間で永住権が取れた。二年半で永住権を取り、それから五年後に市民権を取得している。永住権を取ると納税の義務も発生する。永住権保持者が呼び寄せることができる家族は、配偶者と、二一歳未満の未婚の子供だけである。アメリカも、二〇〇一年の9・11から永住権の申請が厳しくなっている。申請が受理されるまでに最低五年は待たされる。やっと受理されても、面接までさらに数年かかることが多い。

筆者はつい最近まで、市民権と永住権の違いをよく理解できていなかった。市民権とは簡単に言えば国籍を取ることで、永住権とは国籍ではなく、永住資格を得ることである。永住権はグリーンカードと言われる。それに対し市民権とは、米国で生まれた人と、米国へ帰化した人を指す。永住権では投票権も、陪審員の資格も無いことになる。永住権を取ってから五年経つと、市民権を取得する資格ができる。有名なスポーツ選手や学者の場合、永住権は比較的簡単に取れる利点がある。

▼プロミュージシャンを諦める

筆者もジャズが好きで、アルトサックスを少しいじる。だから白石とは話が合った。白石は渡米早々、ジャズのライブを聴きに行って、打ちのめされるような衝撃を受けた。素晴らしい演奏をするピアノとサックス、ベースのトリオで、これは一流のメンバーだと思って聞いてみたら、この程度のメンバーならニューヨークにはたくさんいると言われた。白石の耳には、一流のミュージシャンに聴こえたのである。特にアルトサックスが良かった。ジョン・コルトレーンを連想させる腕前であった。これは逆立ちしてもかなわないと思った。さすがジャズの本場アメリカだと納得した。

最初に鮮やかな演奏を聞いて、この程度のメンバーならニューヨークには沢山いると言われ、白石はあっさりとミュージシャンを諦めた。アルトサックスでは少しは自信があったが、とても太刀打ちできないと思ったのである。ジョン・コルトレーンに迫るほどの腕前にはかなわない。ジャズミュージシャンに関しては、全体のレベルが日本とは桁違いなのだ。

▼マスコミが作るスターたち

日本ではかなり有名なトランペッターのジャズミュージシャンが、アメリカで活躍したと持て囃されている。しかし、アメリカではほとんど無名で、大して受けてもいなかったという実話も白石から聞いた。要するに日本のマスコミが作ったスターなのである。たまにテレビで見かけるアノ人も、アメリカで活躍したと言われているが、白石に聞いたら、アメリカではほとんど活躍していないと言う。ただし、秋吉敏子のピアノは別格で、アメリカでも間違いなく受けている。プロのミュージシャンを目指した白石の言うことだから信用できる。

筆者もアルトサックスでは苦労した。最初は音を出すだけでも大変だった。一流のテナーサックス奏者に教えてもらったが、なかなか上達できずに、最近ではサックスが押入れから出る機会が少なくなった。白石は、大学時代には毎日練習したと言う。プロでさえ毎日練習しなくては腕が落ちていくといわれる世界なので、筆者の先生も毎日練習は欠かさなかった。それにしても、夢であったプロミュージシャンを諦めるとは、ジャズのライブを聴いてかなりのショックを受けたことになる。

▼ニューヨークが好きになった

筆者は、今回初めてニューヨークを訪問したが、ニューヨークがすっかり好きになってしまった。ブッシュ政権は嫌いだが、ニューヨークは好きになった。ニューヨーカーはすべてが大らかで、ひたむきに生きている。移民や弱者に対して、ブッシュの政治は優しくはなかった。むしろ、移民や弱者をないがしろにする、酷い政治を繰り広げていた。そして、市場原理なるものを野放しにして、サブプライムローンを証券化したデタラメなものをばら撒いて、世界中に迷惑を及ぼした。それでも、多くの人達はニューヨークに住み続けるのである。

東京に住んでいる人達が、電車のラッシュが嫌だとか、車の渋滞が酷いとか、空気が悪いなどと言いながら、東京から離れられないでいるのと似ている。

この原稿をパソコンで打っているときに、オバマ候補の大統領当選が決まった。アメリカにはいまだ活力がある。筆者もオバマを応援していたが、オバマ候補の当選でアメリカ国民を見直した。前回ブッシュを選んだときは、アメリカ国民に失望していたが、今回オバマを選んだアメリカ国民に拍手を送りたい。オバマならば、アメリカをチェンジしてくれる期待が持てる。何といっても、人相がいい。人の心は人相に表れる。ブッシュは粗野で知性の無い顔をしていた。

▼治安は良くなっている

今回、マンハッタンを早朝や夜も一人でそぞろ歩いたり、地下鉄にも乗ってみたが、別に怖い思いをすることは一度も無かった。何で早朝も出歩いたかといえば、柄にも無く眠れなかったからである。時差で眠れない人がいるとは聞いていたが、神経の図太い自分には関係ないと思っていた。それがなんと、眠れなかったのである。早朝六時頃、ホテルの近くの開いているレストランで食事をとったり、夜もマンハッタンをそぞろ歩いた。ポケットには一〇ドル札を何枚か入れていたが、もし襲われたら、書くときにネタになっていいやぐらいに思っていたから、むしろ無事ですんだのかもしれない。

服装は、黒の水玉模様のシャツに黒のズボンだったので、友人たちに言わせれば、日本のヤクザと間違われて襲われなかったのだと言われた。普段は、どこに行くのにもジーパンで通しているが、今回は初めての人に会うのにジーパンでは失礼だと考えて、ズボンにしたのである。言われてみれば、不敵な面構えで黒の服装をして、一人で歩いていたから日本のヤクザと間違われたのかもしれない。

しかし、ニューヨークの治安は、間違いなく良くなっている。地下鉄に乗って一つ気がついたことがある。それは、東京と違い、携帯でメールを打つ人が一人もいなかったことである。地下鉄では、携帯を手にする人をほとんど見かけなかった。日本では、電車の中で携帯でメールを打っている人が少なくない。中には、平気で携帯で会話をする常識の無い人間もいる。そして、申し合わせたごとくに、みんな携帯を手に街をさまよっている。中には、歩きながらメールを打っている人もいる。地下鉄の車内で携帯を手にする乗客を見なかったのは、携帯嫌いの筆者にとってはこんなに嬉しくて、いいことはなかった。ただ電車の落書きは、減ってはいるものの相変わらずのようである。

▼ストリートミュージシャン

地下鉄のホームでは、ストリートミュージシャンがジャズを歌っていた。黒人が五人のメンバーだったが、アカペラで歌うそのコーラスが絶品で、素晴らしい歌声であった。さすがジャズの本場だけのことはあり、人を引きつけるリズム感で、ＣＤもそこで売っていた。どうやら、地下鉄のホームのそのスペースでは、ストリートミュージシャンたちが歌うことを許されているらしい。地下鉄以外の街頭でも、歌ったり楽器を演奏してもいいスペースがあり、それ以外の場所だと罰金を取られる。

地下鉄のホームで見たストリートミュージシャンたちは、歳は全員四〇歳以上に見えた。一人は、白いパナマ帽子に白いポロシャツ、白い短パン、白いスニーカー。二人目は、これも白いポロシャツにグレーの短パン、白いスニーカー。三人目は黒のハンチングに白と黒の縦縞のシャツに黒い短パンに白いスニーカー。四人目は、太目の体で、グレーのシャツにグレーのズボン、グレーのスニーカー。五人目は白のシャツにグレーの短パン、白のスニーカー。パナマ帽をかぶったのがリーダーのようであった。パナマ帽がリズムをとっていたから……。ストリートミュージシャンも、要するに日本と違い、ガキではなくそれなりの大人たちなのである。

▼歌が上手で心があった

日本の様に、歌の下手な若者たちが格好だけは一丁前に歌っても、実力が無ければニューヨークでは相手にされない。五人の歌声があまり見事なので、しばらくの間、彼らの前で聴きほれてしまった。黒人はどうしてなのか、不思議なほどリズム感がいい。そして、歌うことを自分たちも楽しんでいる。実に楽しそうなのだ。やはり、自分たちの心が躍っていなければ、

ストリートミュージシャン。ニューヨークの街角では、いつもどこかで彼らの音色が響いている。

人の心を躍らせることは出来ない。ニューヨークでは、地下鉄のホームにもストリートミュージシャンがいて、その歌が抜群にうまくて決まっている。これがニューヨークなのか、と感心して聴きほれた。ジャズが好きな筆者にとってはたまらないシーンであった。

日本のストリートミュージシャンたちは、何とか有名になりたい、有名になって大金を手にしたい、という不純な思いが伝わってくるのが多い。ニューヨークのストリートミュージシャンたちからは、不純な思いが伝わってこなかった。むしろ、自分たちもジャズを楽しんでいる、純な思いが伝わってきた。あのストリートミュージシャンたちの歌声で、すっかりニューヨークが好きになったのである。

2章　ニューヨークのキャブ・ドライバー

▼キャブの免許は

ニューヨークでキャブの免許を取得するには、一九歳以上であること、過去一八ヶ月以内のDMV違反ポイントが七点以下であること、未払いの違反チケットがないことが必須条件となる。用意する書類は、ソーシャル・セキュリティカード、ニューヨーク州の運転免許証（近隣の免許でも追加書類を出せば可）、健康状態の証明書も必要になる。所定のタクシースクールで、八〇時間の講座を受講し、学力テストとドラッグ・テストをパスしなければならない。簡単な面接テストもある。講習は一日八時間としても、一〇日はかかることになる。

しかし、日本と違って実技試験はない。実技に自信がある人間たちが来るわけだから、実技のテストをあえてやる必要は無いのは当たり前の話で、実技の試験がある日本のほうがおかしいのである。申し込み手数料、コースの受講料などを合わせると、四五〇～六〇〇ドル程かかる。キャブ・ドライバーになってからは、三年に一回安全運転の講習を受ける義務がある。

ニューヨークのキャブの年間利用者は延べ二億四〇〇〇万人、運賃合計は年間二〇億ドルに上る。メーター付きのキャブが初めてニューヨークを走ったのは、一九〇七年一〇月一日。プラザホテルのグランドオープニング・セレモニーに出席する、セレブリティーを乗せたキャブが最初だった。キャブ・ドライバーは、ハック（駆者）とも呼ばれる。言いえて妙である。

▼日本でタクシードライバーの試験は

日本の場合、タクシードライバーになるには、普通免許を取得してから三年以上経っていれば、入社を条件に、タクシー会社で二種免許を取るのを援助してくれる。もちろん、個人で自動車学校へ行っても二種免許は取れる。学科と実技で、普通は三回ぐらいで合格できるが、中には一〇回以上試験を受けてから、ようやく合格する人もいる。筆者が二種免許を取ったのは昭和五八年、試験は二回で何とか合格した。東京ディズニーランドが開園した年である。ディズニーランドを作った男は、最初は皆に馬鹿にされたらしい。ペテン師ではないかとか、酷い中傷を受けたが、めげずに開園までこぎつけたと言う。

当時は、二種免専門の個人教官がいて、コースを借りて一人ひとりに二種免を取るのを教えていた。文字通りの一匹狼で、その代わり、二種免許に合格するまで責任を持って実技を教え、学科も試験に出そうなところを教える形態であった。たしかあの当時で、受験料は別で一〇万円だったと記憶している。当時は、自動車学校で積極的に二種免に取り組んでいなかったから、個人教官が活躍したのである。

二種には実地免除がないから、試験場に行くしかない。月に三人合格させれば、十分生活が出来た。二種の個人指導員は、なかなか面白い男たちであった。教習所の教官を辞めた男が多く、プロ中のプロと言ってもいい存在で、何よりも真剣に教えてくれた。東京都内の場合は、二種免に合格しただけではタクシーに乗れない。合格しても、タクシー近代化センターの地理試験が追加される。地理試験に合格して、初めて東京都内で仕事ができる。地理試験は、講習をしっかり受けていればそんなに難しくはない。

▼元医師もいるキャブ・ドライバー

キャブのドライバーは移民が多いが、なんと八〇カ国の人間がいる。その三分の二が、インド、バングラデシュ、パキスタンなどの南アジア人である。ニューヨーク市の人口八〇〇万人のうち、外国生まれが四〇パーセントを占めている。彼らの中にはポーランドやルーマニア、イランなどからの亡命者もいる。祖国では、医者をやっていたり、教師を経験していたり、中には、秘密警察の組織で暗躍していたらしい人物さえいる。祖国で医師の経験があっても、アメリカの医師の資格が無いから、キャブのドライバーをやっているのである。祖国で大学を出ている男たちが少なくない。できれば、一ヶ月ぐらいニューヨークに滞在して、彼らからも取材したかった。ニューヨークで、キャブのドライバーを舐めてはいけない。祖国では、医者や教師を経験して、才能を発揮していた男も少なくないのである。

日本でもタクシードライバーには、元教師もいるし、元警察官もいる。中小企業の元社長は掃いて捨てるほどいる。だが、さすがに大企業の元社長はいない。ニューヨークでは、キャブ・ドライバーに元弁護士もいる。元弁護士は、五〇歳を過ぎてから弁護士を辞め、別の人生を歩んでみたくなってキャブに乗っているのである。楽しんでキャブに乗っている。ニューヨーカーのいい面は、こんなところなのだ。下らない格好をつけることをしない。元弁護士でも、キャブに乗ってみたくなれば迷うことなくキャブの仕事をする。別の人生を経験したくなれば、人の目など気にしない。キャブに乗って、ニューヨークを走り回って、別の人生を自ら体験してみるのである。

日本のタクシードライバーで、なぜか元官僚には会ったことがない。役所に採用されると、特別不祥事でも起こさない限り辞めさせられることはない。あまり無理しないで無難に過ごせば、定年まで役人で終わるケースが多いからである。ぬるま湯のような生活に浸っていれば、あえて冒険することもないし、転職もしないのが役人の生き方なのかもしれない。

▼キャブ以外の仕事も

当時白石は、写真スタジオのアシスタントをしていて、週給一六〇ドルの貧乏生活を余儀なくされていた。キャブは儲かると友人から聞いた。元々車が好きだったから、キャブ・ドライバーには抵抗がなかったという。彼と話していて、二〇年もキャブ・ドライバーを経験したようには見えなかった。タクシーを長年経験すると、何となくアウトロー的な面が嫌でも表れるものだが、彼にはそれがなかった。もっとも白石の場合は、キャブだけではなく、カメラマンとしての仕事と、イベントプロデューサーの仕事も持っている。イベントプロデューサーの仕事はたまにしかないが、おもに日本企業の仕事を手がけている。キャブの仕事は、何よりも鳥のように自由なのが気に入っている。鳥のように自由なキャブ・ドライバーにハマって二〇年がすぎた。

▼乗客も異なる

ニューヨークのタクシーは、イエロー・キャブと呼ばれているが、東京と比べたらキャブの台数は少ない。だから、なかなか拾えないこともある。しかし、ニューヨーカーたちは日本人と違ってそんなに騒がない。なぜならば、キャブ・ドライバー達も生活していかなければならないことを心得ているからである。キャブを利用する庶民は、日本よりも思いやりがある。お互いに生きていくためには、一方だけがわがままを言っても、社会は成り立たないことをニューヨーカーたちは知っている。

日本では、タクシーの利用者があまりにも自分勝手な面が少なくない。日本人は駄々をこねる子供のようにわがままなのである。日本の乗客は、タクシードライバーとして生活している人間もいることは眼中にない。わがままを自由とは言わない。日本人は、わがままを自由と勘違いしているところがある。

日本人の特性として、自分さえよければいいという考えの人間が多くなった。雨が降ればタクシーが少ないと騒ぐ。マスコミがそれに同調する。雨が降れば需要が増えるのは当たり前だから、タクシーが簡単に拾えなくなるのは当然のことで、小学生でもわかることなのである。雨の日だけ、タクシーの台数を増やすわけにはいかないのだ。

▼ニューヨークと比べたら

ニューヨークでは六〇年代後半、当局が他の車と見分けられるようにと、ニューヨークを走るキャブはメダリオン（市の営業許可証）を受けた黄色と法律で定められた。現在発行されているメダリオンは一万三一五〇台分。ＴＬＣ（ニューヨーク市タクシー＆リムジン委員会）が新たに発行する時期と数を調節して、全体の数を抑えている。日本とは大違いである。日本では小泉政治のデタラメな規制緩和により、新免が増え、タクシーが街に溢れるようになった。

愚にもつかない政治家のせいで、日本のタクシー業界は酷く苦しい状況に追い込まれたのである。二〇〇二年二月に規制緩和が実行されてから、全国で一万台以上もタクシーが増えている。新規参入が自由になり、認可制から届出制になったため、タクシーが全国的に際限も無く増える結果を招いた。デタラメな政治が、全国四六万人のタクシードライバーの生活を成り立たなくさせたのである。これでは、とてもまともな国とはいえない。

都市生活者の足というだけではなく、ニューヨークの風景の一部となっているイエロー・キャブ。

▼ニューヨークのタクシー料金

基本料金は二ドル五〇セント。三二〇メートルごとに四〇セント加算される。停車中の時間六〇秒ごとに四〇セント。月〜金曜日の一六時〜二〇時まで一セント、毎日二〇時〜翌朝六時まで五〇セント割り増し。目的地に着いたらメーター料金の一五パーセントをチップとして渡す。

日本人は、日本での習慣からチップを忘れる人が多いので注意していただきたい。タクシーに乗ったら自分でドアを閉める。これもよくある例だが、降りるときに日本での自動ドアの習慣から、ドアを開けたままで行ってしまう人が日本人に多いので、注意を要する。

キャブに乗ったら、ドライバーには目的地の通りの名前と、番地をはっきり告げる。特にマンハッタンは一方通行が多いので、道路の右側から乗るか左側から乗るか、行く方向によって決めないと、一方通行の場合、方向が違うと遠回りしなければいけないことになる。

走り出したら、メーターが動いているか念のために確認する。降りるときにレシートを貰っておく。忘れ物をした場合など、レシートがあれば助かる。東京と同じで、屋根の上の行灯のランプが点いていれば空車。Off duty のランプが点いているのは回送車である。

東京のタクシーは

ちなみに、東京都内を走っているタクシーは約五万八〇〇〇台（法人、個人合計）。約としたのは、増車やたまには減車もあるからで、特にここ数年は変動が激しい。東京都の人口が約一二〇〇万人。ニューヨークを走るタクシーが一万三一五〇台で、人口が約八〇〇万人。東京とニューヨークの人口が四〇〇万人しか違わないのに、東京のタクシー台数がニューヨークの約四倍、四万四八五〇台も東京のほうが多いのである。いかに東京のタクシーが多すぎるか、この数字を比べればお分かりいただけると思う。要するに、小泉政治のパフォーマンスのために、全国の、多くのプロドライバーの生活を犠牲にしたのである。まったく酷い話である。

小泉政治の規制緩和は、当局に対して逆らえない立場にいるタクシー業界や、酒屋さんをターゲットにして、パフォーマンスを繰り広げたのである。許認可事業のタクシー業界は、国土交通省には逆らえない。野放しを規制緩和とは言わない。小泉政治のやったことは、政府に逆らえない業界を選んで、規制を外して野放しにしただけであった。酒屋さんも、小泉政治の規制緩和で商売が成り立たなくなり自殺者まで出ている。筆者の近所の親しい酒屋さんも、小泉政治の規制緩和からコンビニで酒を売るようになり、商売が成り立たなくなって自殺に追い込まれた。これは、間接的な人殺しである。

▼アメリカの行政はしっかりしている

タクシー行政に関しては、アメリカのほうがまともな行政を行っている。筆者が聞いた限りでは、あまりキャブを増やすとドライバーの生活を圧迫するからという、まことに的を射た思いやりのある理由であった。他の部門はともかくとして、タクシーに関してだけは、政治も行政もアメリカのほうがまともなのである。

実際にキャブの運営を行っているのは、ニューヨーク市内に複数ある「フリート」と呼ばれるマネージメント組織である。各フリートがメダリオン（許可証のメダル）と車を所有、キャブの免許を持ったドライバーがリース料を払って営業している。個人が副業的に、少数のメダリオンだけをドライバーに貸し出している場合や、ドライバー自身が個人でメダリオンと車を所有している場合もある。

▼キャブのルール

ニューヨークのキャブのルールは、日本と同じように運転中の携帯の使用は禁止。罰金が二〇〇ドルで違反ポイントが二点となる。携帯の罰則に関しては、ニューヨークのほうが厳しい。乗車拒否にも厳しい罰則がある。乗車拒否の罰金は、初回が二〇〇～三五〇ドル。以後二年間のうちに二回目の乗車拒否をすると三五〇ドル～五〇〇ドルとなる。乗車拒否が何回も続くと、運転免許停止から、免許剥奪になるケースもある。

ニューヨークでは、チップに関しては払うのが常識となっている。ただし、ドライバーが要求することは許されていない。接客態度の悪いドライバーには、チップを払わなくてもいいとも言える。それから、ドライバーが音楽を聞く場合、「普通程度の音量」と定められている。大きな音で音楽を流してはいけないことになっている。

ニューヨークのキャブは、日本と違い本当に鳥のように自由である。白石の場合、キャブの管理会社・フリートから、一週間単位で車を借りる。管理会社は一日一〇〇ドルで貸してくれる。筆者には、ニューヨークのキャブは、日本の個人タクシーよりも自由に見えた。日本の個人タクシーの場合、束縛は無いが見た目よりも制約が多い。個人タクシーの試験に合格して車を購入すれば、個人タクシー協会に入ることになる（横浜では、ごく少数だが協会に入らない人もいる）。入会すると、協会費を払って色々と制約を受けることになるのは、どんな業界でも変わりがない。

マンハッタンの広大な一方通行路を、イエロー・キャブが駆け抜ける。

▼一週間仕事をして一週間休む

白石の場合は、一週間仕事をすると一週間休む。今のところはその繰り返しを続けている。夕方の五時から翌朝の五時まで仕事をする。以前は昼だけ仕事をしていたが、夜の仕事のほうが収入面で効率がいいので夜のパターンに変えた。収入はリース料やガソリン代を差し引いた残りが、一日二〇〇ドル〜三〇〇ドル。日本よりも効率が良い。日本の場合、東京で普通の勤務をすると、朝七時から実働二〇時間で売上が一日四万〜五万円ぐらい。その合計から五〇〜六五パーセント支給される。それから、健康保険や厚生年金、税金などが引かれる。日本の場合は、一回仕事に出ると二日がかりの仕事なのである。通常の勤務であれば、二〇時間続けて仕事をする。ニューヨークの場合は、リースで一二時間自由に働いて、二〇〇ドル〜三〇〇ドルの手取り。ニューヨークのほうが収入の効率は良いことになる。

もっとも東京の場合は、タクシーが多すぎて売上は上がらないのである。日本の業務形態であれば、仕事の次の日は完全休養しなければ体が持たない。白石の場合は、一週間ごとの仕事でも楽に生活はできる。他にも仕事を持っていることもあるが、一人の生活なので無理をすることもない。釣りが好きで、天気の良い日は釣りに行くことが多い。小さいながらモーターボートも持っている。なんとも羨ましい生活ぶりである。白石は現在五二歳、まだまだこれからである。

▼服装は自由、日本とは大違い

キャブの仕事をするときの服装はいたって自由。筆者と会ったときの服装そのままで仕事をする。チェックのシャツに短パン、サンダル姿で仕事をするのを見て驚いたが、それが普通なのである。誰も文句は言わない。

ドライバーもお客も、それでハッピーならいいではないか――。まことに大らかである。日本のタクシー会社では、白いワイシャツにネクタイをしていないと乗務できない。短パンなどはいて出社したら、何を寝ぼけている、帰れと言われる。短パンなどはもってのほかなのである。個人タクシーのドライバーでも、キッチリとネクタイをしている。

一概に比較するのもなんであるが、タクシーの仕事は、自由なのが取り得だと筆者は考えている。だから、ニューヨークのキャブ・ドライバーの服装を見て、その自由なスタイルが羨ましかった。

▼インド人もいる

ヒルトンホテルからキャブに乗ったら、ターバンを巻いたインド人のドライバーに会った。ニューヨークでは、ターバンを巻いたインド人のドライバーも少なくない。移民は、アメリカンドリームを求めてニューヨークへやってくる。ターバン姿のドライバーは、なかなか運転が上手であった。マンハッタンをスイスイ走る。インド人のドライバーは英語があまり上手ではなく、こちらも英語は下手である。ジャーナリストのささきさんに会いに行くときに、行き先の説明には大分苦労した。

ニューヨークでも日本でも同じだが、英語をあまり話せなくても、地理を覚えていなくても、何とかなるのがタクシードライバーなのである。それは、利用するお客様が地理を知っておられるからである。移民が、ほとんど英語を喋れなくてもキャブ・ドライバーとして何とかなっている。仕事を続けているうちに、英語も堪能になり地理も覚える。人間ひたむきな心さえあれば何とかなるものだ、ということの証明だと思う。

3章　ニューヨークからイエロー・キャブが消えた日

▼一九九八年にストがあった

ニューヨークからイエロー・キャブが消えた日があった。キャブ・ドライバーが、ニューヨークのルドルフ・ジュリアーニ市長の方針に反対して、今から一〇年前の一九九八年五月一三日、朝五時から二四時間ストを決行したことがあった。その日は、ニューヨークからイエロー・キャブが消えた日なのだ。ストの発端は、乱暴な運転をするキャブ・ドライバーに対して、ジュリアーニ市長が規制の強化を決めたことに端を発していた。

一九九〇年から一九九六年の間に、タクシーがからむ事故件数は四〇パーセント増加していた。年間二万一〇〇〇件、事故による死者が三〇人になっていたことが統計で明らかになっていた。これは、日本の現状と似ている部分がある。日本でも、ここ数年タクシードライバーの事故が増えている。ドライバーに新人が多くなったことと、売上の低迷によりベテランドライバーも焦って無理をするから、事故が増えているのである。ジュリアーニ市長は、キャブ・ドライバーの綱紀粛正のために新ルールを提示していた。

速度制限や信号無視、テールランプの球切れや携帯電話の使用、車内での喫煙などにも罰金を科した。このような規制に反対するために、ドライバーたちの非営利組織であるニューヨーク・タクシー・ワーカーズ・アライアンス（ＮＹＴＷＡ）が中心になってストを決めたのである。ストの実行までにはＴＷＡのメンバーが、ドライバーたちにビラを二万枚も配り、ストへの参加を呼びかけた。市のタクシー行政を担当するのはタクシー＆リムジン委員会（ＴＬＣ）である。日本と違い行政はシンプルで、下らないただ飯食いの人員はいない。政府が口を出すのではなく、州単位、市単位で物事を決めているから分かりやすい。日本では国の行政の人員が多すぎるから、仕事をしていることを見せたいために、次々と下らない規制を作り出す。その詳しいことは別章で紹介するとしても、ストを実行したニューヨークのキャブ・ドライバーには感服する。

▼白石はストには参加せず

しかし、このときに白石は、自らの信念に基づいてスト破りを決行している。はっきり言って、それは非常に勇気のいることであった。白石は無事故無違反を長年続けてきているが、当時ももちろん、無事故無違反であった。だから、ジュリアーニ市長が発表した規制は別に厳しく感ずることではなかったのである。むしろ、正しい運転をすることのほうが大事ではないか、という信念を白石は持っていた。だからストには参加しなかったのである。別のドライバーはこのような発言をしている。「ドライバーは一日一二時間、一週間通して働いています。この労働環境こそが改善されなければいけません」。白石には罵声が浴びせられたりしたが、白石の信念は揺るがなかった。白石はいつも通りに、平然として仕事を続けたのである。これは、度胸と信念が無ければできないことなのだ。結局、その日マンハッタンを走ったキャブは、警察の発表では一九四台しかなかった。

ジュリアーニ市長は「タクシーなど無いほうがいい。家にいたければ一生いればいいんだ」などと、子供のようなアホな発言もしている。これでは、大統領選挙に立候補しても、泡沫候補扱いを受けるのも無理は無い。確かに彼は、ニューヨークの治安の安定には努力したかもしれないが、ジュリアーニ市長に関しては、日本で報道されている内容と実像はかなりかけ離れていることが分かった。

一九九八年五月一三日のストの効果もなく、一九九九年秋、『リーサル・ウエポン』の作品で知られる黒人俳優のダニー・グローバーが、娘と一緒に会見して、キャブに手を上げても黒人であるために素通りされてしまうと抗議した。このことがきっかけでジュリアーニ市長は一一月以降、TLCの検査官と、私服警官を動員して、乗車拒否とみなされるドライバーを次々と検挙してきた。そして、覆面捜査官を使うようになっていた。キャブ・ドライバーにとっては理不尽ともいえる取締りが続いたため、TWA（タクシー・ワーカーズ・アライアンス）では、四人のメンバーを原告にして、市を相手に連邦地裁に民事訴訟を起こした。さすが、自由の国アメリカである。もう一つの自由の国日本では、タクシードライバーも飼いならされた羊が多くなり、小泉政治によって、酷い野放しの規制緩和をやられても従順に従っている。一致団結して、当局に対して自己主張する姿を見ることはできない。タクシーの組合は他の業界と同じで、有名無実の組合がほとんどとなっている。

4章　タクシー強盗に遭う

▼キャブ・ドライバーは命がけ

真冬のマンハッタンは、氷点下一五度ぐらいにまで下がることがある。その日も寒い一日であった。氷点下七度くらいはあった。手が縮こまるほど寒いので、街を歩く人たちは、申し合わせたようにコートの襟を立て、ポケットに手を突っ込んで歩いていて、時々小雪が舞っていた。夜空にはどす黒い雲がたちこめて、なんとも陰湿な嫌な夜であった。こういう夜は不思議と事件が起こりやすい。

午前一時ごろ、ミッドタウンのプラザアーケードの前から、セントラルパークまで二人の客が乗った。黒人が二人で、何となく悪い予感がした。タクシードライバーは勘が鋭い。勘は当たることが多い。二人の雰囲気がよくなかった。二人ともセントラルパークに着くまで無言であった。二人とも悪そうな顔をしている。特に、黒人の一人からは殺気を感じた。セントラルパークに着くと、いきなり後ろから首にナイフを突きつけた。白石が手で払いのけようとしたら、手の甲が切れて血が滴り落ちた。

一人が、「抵抗するな、抵抗すると死ぬぞ」と脅した。実際にキャブ・ドライバーは、強盗に襲われて多くの人命が失われている。多いときには、一年に一〇人以上も殺されたことがある。二人組は売上金とバッグを奪い、公園のほうへ走って逃げていく。手の甲の血をハンカチで押さえているうちに、頭に血が上った白石は、二人をひき殺そうと思った。手のひらをハンカチで縛り、キャブを発進させ、猛スピードで二人を追いかけた。間一髪のところでカバンを放り投げて、彼らは公園の茂みの中に必死で逃げ込んだ。

そのときのことを白石は語る。「あの時は、本気でひき殺すつもりだった」、と。カバンは戻ったが、売上金の二〇〇ドルと自分のお金の一二〇ドルは戻らなかった。その後警察を呼んで病院へ行ったが、ニューヨークの場合、事件と認められれば治療費は払わなくても済む。日本の場合、事件でも治療費は自分で払うハメになる。踏んだり蹴ったりである。白石の仲間で、四回もタクシー強盗に遭った男もいる。一回は頭に拳銃を突きつけられた。後の三回はナイフである。実際に、拳銃で頭を撃ちぬかれたドライバーは何人も存在する。ニューヨークでは、キャブのドライバーは警察官よりも危険な職業とされているのである。

筆者のタクシー経験では、もちろんタクシー強盗に遭ったことはない。もっとも、タクシー強盗に遭う確率は、ニューヨークと違って日本ではかなり低くなる。実際に強盗に遭ったら、自分の性格からして多分闘うだろう。拳銃には立ち向かうことが出来ないが、相手が刃物を持っていても、手にタオルを巻いて立ち向かうだろう。タクシーの車内には必ずタオルは置いてある。手にタオルを巻けば、刃物は防御できる。まず最初に、つり銭用の一〇円玉を相手の顔面に投げつける。かなりの衝撃があるから、相手はひるむ、その隙に相手の急所を蹴り上げる。大体これで決着をつけられる。東京などでも、夜、女性が物騒な場所を歩くときには、小銭を多めに持ち歩くことをお勧めする。襲われそうになったとき、相手の顔面に一〇円玉を一掴み投げつけると効果がある。

▼黒人三人と格闘

キャブの乗務形態は、最初の頃は昼だけの乗務であったが、午後の五時から朝の五時までの夜のパターンに変えてから六ヶ月経った頃のことである、九月の夕方の六時頃、まだ明るい時間であった。黒人が三人、マンハッタン・五番街で手を上げた。三人とも体が大きいが、人相はそんなに悪くないから、普通の勤め人のようである。乗ってすぐに三人で口論を始めた。どうやら仕事のことらしい。口論の内容からして自動車整備の関係のようである。目的地に着いてから、料金が高いと文句を付けて言い争いになった。よくあるパターンで、遠回りしたと言いがかりをつけるのである。白石も、今なら適当にあしらうすべも身につけているが、キャブに乗ってそんなにたたない頃では無理な話であった。

三人は、口論の鬱憤を白石にぶつけたようであった。白石もキャブから降りて、文句を言わずカネを払えと怒鳴った。話をしていると、一人がいきなり殴りかかってきた。左のフックは何とかかわしたが、右のパンチは手でガードしてもテンプルに入った。一瞬目がくらんだ。白石は、高校時代に柔道をやっていて、初段の腕前である。実戦の場合、大技は不利なのは心得ていた。重心がかかっていた左足に足払いをかけた。パンチを出そうとして左足に重心がかかったときだったので、相手は見事に倒れた。すぐ股間に蹴りを入れたら悶絶した。実戦では、倒したらすぐに蹴りを入れるのが常道なのだ。残るは二人、二人ともそんなに緊張していない。緊張していないと言うことは、喧嘩の場数をこなしている証拠なのだ。パンチも強そうである。一六五センチの白石の倍近い身長がある。これはやられると覚悟した。パンチの威力は体重に比例する。体重の重いほうがパンチ力は当然ある。ヘビー級のパンチは、馬に蹴られたほどの威力がある。素人がヘビー級のプロボクサーに本気で殴られたら、死を招きかねない。若い頃、当時はフライ級の筆者がミドル級の相手とスパーリングをやったこともあるが、重量級のパンチの強さに圧倒された記憶がある。

▼パトカーが来て助かる

一人に羽交い絞めにされ、これはダメかと思ったとき、幸運なことにたまたまパトカーが通った。パトカーは白石の車の前に停まり、ガッチリした体格の警官が二人すばやい動きで降りてきた。一人は警棒を相手の首にくいこませ、あっという間に手錠を掛けた。もう一人の警官は、警棒で容赦なく殴り続けた。もう一人も、警棒で殴られて戦意喪失。そちらも簡単に手錠を掛けられた。

筆者も中学で柔道を経験して、高校ではボクシングに精を出し、実戦の経験も何度かある。実戦の場合は大技は使えない。足払いや小内狩りなど、小技のほうが効果がある。パンチはフックよりもストレートのほうが決まる。スピードのあるストレートは、素人ではまずかわせない。背負い投げなどの大技はそう簡単に決まらないし、大技をはずされたら最悪の結果が待っている。幸運も幸いして、二人の警官が白石に殴りにかかっていた二人を、簡単に逮捕してくれた。警官は最初、タクシー強盗だと思ったらしい。股間を蹴られた一人は、恨めしそうな顔で股間を押さえて倒れたままであった。

▼筆者の格闘体験

時効だから書くが、筆者もお客と格闘になったことがある。埼玉で仕事をしていた頃の話で、北部のI市で乗務していたときのことである。ちなみに、田舎はほとんど無線で配車される。道路に立って、タクシーを拾うということはほとんどない。お客様は、ワンメーターでも電話して自宅にタクシーを呼ぶのである。贅沢と言えば贅沢な習慣である。

午前一時頃、スナックに配車され、お客を乗せた。少し離れたところにある大きな工事現場の飯場が行き先であった。独特の服装で、鳶のお客と分かった。乗ってすぐに、来るのが遅いとからんできた。そして、足でヘッドレストを蹴って、筆者の後頭部にも一発当たった。一瞬、目がくらんだ。これではまともに運転は出来ない。人通りの少ない場所を選んで静かに道路わきへ寄せて車を停めた。すぐそばは田んぼで飯場までは間もなくであった。ドアロックをはずして、いきなり後部ドアを開けて相手を引っ張り出した。相手は降りるや否や、いきなり蹴りを入れてきたが、筆者はアマであるが、ボクシングでリングに立った経験があるから、バックステップで簡単にかわせた。間髪をいれずテンプルにフックを見舞った。アゴの場合は、骨折することがあるのでテンプルを狙って右フックを見舞い、すぐに左アッパーをボディに打ち込んだ。相手は田んぼの中に転がり落ちて倒れた。

秋で刈入れが終わった頃であったので、田んぼに水はなくは泥だらけにならずに済んだ。相手は、田んぼに飛び込んで、伸びてしまったのでそのままにして帰った。お客は体が頑健な鳶である、だから死ぬことはない。彼は、気がついてからそのまま飯場に帰ったらしく、会社に、これから殴り込みを掛けるからと電話が入った。無線の担当者が友人だったので、来るならこいと言え、と伝えた。鳶の男達が、一人相手に集団で来ることはありえないと思ったからである。案の定そのままになった。

その後一度、その飯場に無線で配車になったら、なんと、ノックアウトした当人が乗ったことがあった。彼は「なんか前に会ったことがあるな」、と言った。「初めて会うけど」と言って平然としていると、そのままで終わった。多分相手も、リターンマッチをする勇気がなかったのかもしれない。

半グレのお客

横浜での話だが、横浜駅の西口から渋谷までの客が乗ったことがあった。見たところ、背広にネクタイをしているが「半グレ」のように見え、まともなサラリーマンの感じはなかった。地上げ屋のようでもある。荒んだ顔をしているが、ヤクザではない。本物のヤクザは独特の殺気があり、男の覚悟のようなものを持っているものだ。けっこう酔っている。信号が赤になる寸前で停まったら、「なぜ停まった」と怒り出した。「赤で止まるのは当然でしょう」と応じたら、どうやらそれが気に触ったらしい。「俺は極真空手三段だ、お前なんか簡単に殺せる」と大層なことを言い出した。第三京浜に入って走り出しても、「お前なんか簡単に殴り殺せる」「殴り殺してやる」を連発する。

スピードを落として路側帯に車を停めた。「そこまで言うならここで勝負をしようか」と、こちらもついに切れた。「空手何段か知らないが、喧嘩にはルールが無いからやってみないと分からないよ」と、こちらも腹を決めたので遠慮しなかった。この手の相手は、下手に出るとどこまでも付け上がるのは心得ていた。すぐ横の車線を一〇〇キロ以上のスピードで車が次々と通り過ぎていくから、ここで取っ組み合いになればただでは済まないのは目に見えている。下手すると轢き殺されることになる。

さすがに「半グレ」もビビったのか、とたんに態度が変わった。「すまなかった、俺が酔っていたから悪く思わないでくれ」と、意外に素直に謝った。ルームミラーで後ろを見ると、間違いなく恐怖の表情を浮かべているのが分かる。口ほどにもない男である。

自分から極真空手三段だなどと口走る奴は、たいしたことのない男なのは分かっていた。渋谷に着いたら八〇〇〇円の料金に一万円を出して、お釣りは結構ですと、そそくさと降りていった。タクシードライバーは、突っ張るときは突っ張らなくてはいけない。これがまた、タクシーの仕事の面白い面でもある。なんでもお客の言いなりになっていては、三日も続かないのがタクシードライバーなのである。

▼アメリカの警官は強い

アメリカの警官は、日本の警官と違って格闘には強い。実戦に慣れていることもあり、犯人に対しては容赦しないで叩きのめす。日本の警官のように、もたもたしていたら命にかかわる。アメリカでは、簡単に拳銃を撃ってくる相手が少なくない。アメリカと比べたら、日本の警官はぬるま湯に浸かっているようなものである。ニューヨークでは、いつ拳銃で狙撃されるか分からない。最近のニューヨークは、治安は間違いなく良くなっているが、拳銃を撃つような事件が無くなった訳ではない。

二〇〇七年、愛知県長久手町で暴力団員が拳銃を乱射した事件があった。警察は同僚が目の前で倒れているのに、何時間もそのままにして手をこまねいて、ついに、別の同僚が一人殺される羽目になった。あの事件の録画を、ニューヨークの警官に見せたら何と言うだろうか……。

多分クレイジーと言うだろう。これは、漫画のストーリーだろう、と笑うかもしれない。あの事件はテレビで見ていたが、はらわたが煮えくり返るような思いにさせられた。こんな馬鹿なことがあっていいものか、と日本の警察に疑問を持った。白石にこの話をすると、相手は拳銃を持っているし、アメリカでは即射殺だろうと答えた。もたもたしていると犠牲者が増えるからである。

▼乗り逃げに遭う

つい二、三日前にも白石は乗り逃げに遭った。チェルシーを流していて、そろそろ上がろうかと考えていたとき、二〇代の若い女の子が手を上げた。ジーパンに白いシャツ、幼さの残っているごく普通の女の子で、行き先まではそんなに遠くなく歩いても行ける距離だった。「友達をそこでピックアップして、またもとの場所に戻る」ということなので待っていたが戻らない。乗り逃げの典型的なパターンである。アパートに入ったまま、一〇分以上待っても出てこないのでついに諦めた。人通りが少ない早朝の午前四時、一人で歩くのが怖いから、という理由だったのかも……。

キャブの仕事は不思議と、もう仕事を上がろうかと考えているときに、変なお客に遭遇するものである。特に売上が上がらず、ツキがないときは早く仕事を切り上げたほうが良い。そんな時にかぎって、事故に遭ったり変なお客に出会ったりすることが多いものだ。白石は何度も乗り逃げに遭っているが、大して気にもしない。乗り逃げは小さい金額が多いから、と白石は言う。「乗り逃げは珍しくないですよ、いちいち気にしていたらストレスを溜めるだけです」と白石はあくまで冷静だ。

▼筆者の変わった体験

一度乗り逃げではないが、面白い経験をした。横浜から東京の金町までのお客さんで、三〇代の若い男であった。金町に着いたら五階建てのマンションで、お金は部屋に行かないと無いという。料金は当時の料金で一万二〇〇〇円。「申し訳ありませんが、部屋まで同行させてもらいます」と言ったら、快く「どうぞ」と言ってくれた。マンションの場合は、必ず一緒に付いていかなければ、どの部屋に入ったか分からない場合が多いので、筆者は部屋までご一緒することにしていた。

マンションの玄関に入ると、ダイニングで缶切りを取り出した。缶切りで襲うということは考えられず、不思議そうにしてみていると、缶の預金箱を取り出してきて、缶切りで切り始めた。すると、中から一万円札が二枚出てきた。料金を払いながら言うことには、最近離婚したばかりだと言うではないか……。そういえば、車の中でも何となく元気がなかった。哀愁が漂っていた。缶切りで預金箱を開けてタクシー代を払う姿を見て、こちらも身につまされる思いをしたものである。

埼玉で仕事していた頃、大阪まで行って乗り逃げされた同僚がいた。行くほうも行くほうで、前述した飯場からのお客であった。筆者ならば、会社の規則で一〇万円以上は前金で預かることになっています、と言う。一〇万円以上の距離で、前金を出せないなら行かない。それぐらいの厳しさは必要である。タクシーの場合、乗り逃げは自腹と決まっている。会社では一円も負担してくれない。アホ呼ばわりされるだけである。乗り逃げは自腹、ニューヨークでも日本でも、これが決まりなのである。

▼地理を知らなくても何とかなる

筆者は、東京、横浜、埼玉の三地区でタクシードライバーの経験がある。なぜ三ケ所も、と思われるだろうが、本を書くためのネタを求めて仕事の場を変えたのである。首都圏のタクシードライバーの中で、東京と横浜、埼玉の三ケ所でタクシードライバーを経験した人は少ないと思う。

人間性の良さでは、神奈川県の人たちがダントツで良い。これは断言できる。特に、横浜生まれの人たちは思いやりの心を持っている。やはり何といっても、ネタの宝庫は東京、横浜である。アンテナをしっかり立てていると、新鮮な情報が常に入ってくる。株をやっていた頃は、取引に大変役に立つ情報が入ってきて助かった思い出がある。

タクシードライバーは、大して地理を知らなくても何とかなるものである。ニューヨークでも移民の人たちが、最初はほとんど地理を知らなくても、頑張っている。その訳は、前述したように地理はタクシーを利用するお客様が知っておられるからである。ドライバーはお客さんの指示通りに走ればよい。たまに、目的地の地理を知らないお客さんが乗られたら、すみません、と車を代えてもらえばいいだけの話である。そうこうしているうちに、嫌でも地理は覚える。地理はお客さんから聞いて覚えるのである。

5章　情けは人のためならず

▼サブウエーの駅前で

夕日が沈む頃、サブウエーの駅前で車椅子に乗った黒人のお年寄りが、こわごわと手を上げた。夕日が沈むのと重なって、惨めな姿に見えてならなかった。でも、服装を見れば良い服装をしている。白石の性格としては、そのまま通り過ぎることは出来なかったのである。キャブを停め車椅子をトランクに載せ、抱きかかえて親切に後部座席に座らせてやった。お客さんの話を聞くと、何台もキャブが通ったが、手を上げても皆知らん振りをして通り過ぎて行ったらしい。それで、こわごわと手を上げた理由が分かった。キャブのドライバーたちは、黒人の身障者ということで、あまり良い客ではないと判断したらしい。健常者でも黒人は敬遠され、キャブが停まらないで通り過ぎることが少なくない。

自宅に着くと料金は五〇ドル。距離的にも、そんなに悪い仕事ではなかった。一〇〇ドル支払ってくれて、お釣りはいらないと言う。チップにしては多すぎるので「チップが多すぎます」と言うと、キャブ・ドライバーでこんなに親切にしてもらったことがないという。白石は、お言葉に甘えて素直に五〇ドルのチップをいただいた。

▼コーヒーをご馳走になる

お客さんを車椅子に座らせてあげると、ティータイムにしませんか、とお茶を勧められた。熱心に勧められたので、お言葉に甘えて、自宅でコーヒーをご馳走になった。リビングの調度品も、なかなか良いものを使っている。現役の頃の収入が良かったことがしのばれる調度品であった。白石がキャブ・ドライバーを続けて、お客さんの自宅でお茶を勧められたのは初めてであった。最初は白石を中国人だと思ったらしい。日本人だと言うと、日本人は親切だと何度もつぶやいた。車の事故で、十数年前に半身不随になったという。それまでは、証券マンとして活躍していた。そういわれれば、庭も広くなかなか良い自宅である。彼は、現役時代日本人のお客もいたが、日本人は正直だったたと懐かしそうに過去を振り返った。現役時代を思い出してか、いつのまにか精悍な顔に戻っていた。

▼サブプライムローンの惨状

白石が彼に、来る途中で空き家が目立ったことを話すと、サブプライムローンが払えずに、自宅を手放す羽目になった人たちのことが話題になった。白石のお客さんの知り合いも、住宅販売会社から強引に勧められて買ったが、その知人は、過去に自己破産の経験があり、カードも持っていなかった。それでもいいからと、契約書にサインしたと言う。住宅販売会社では、英語も読めない人にも販売した。払いが苦しくなったら、安い金利のローンへ借り替えしてくれるという話だった。しかし、二〇〇六年以降、住宅価格が下落し、家の担保価値も落ちていくに連れて、それも実行できなくなった。最初の二、三年は利息が低いが、その期間を過ぎると利息は急激に上がる仕組みであった。最初の二、三年は金利も安くしてローンを払いやすいようにしてあるが、数年経つと掛け金も高くなり、家族の収入を合わせてもローンの支払いに足りないほどであった。何でそんな売り方をしたかといえば、住宅が値上がりしていたので、もし払えなくなって住宅を取り上げても、販売会社は損をしないという計算が成り立っていたからだという。酷い話である。

▼デタラメがまかり通る国

こんなデタラメがまかり通るアメリカという国が恐ろしくなる。連邦政府のデータによると、二〇〇七年一月から六月までの半年間に差し押さえられた物件数は、全米で約五七万三四〇〇件である。そもそもサブプライムローンとは、社会的に信用度が低い層向けの住宅ローンだ。この債権を担保とした担保証券は金利が高いため利回りも大きく、ヘッジファンドや銀行が飛びついた。「サブプライムローンは、行き過ぎた市場原理が経済的弱者を食い物にしたビジネスだ」と元証券マンのお客さんが断言した。

素人でも分かりそうなデタラメが世界にまかり通り、日本も莫大な被害を受けている。お客さんの自宅へ来る途中の空き家の目立ちぶりは、アメリカの衰退を象徴しているようにも見えた。住宅を買わされた弱者たちは、住宅を持たない以前の生活よりも酷い困窮に突き落とされたのである。

身障者のお客さんを自宅へお送りして、コーヒーをご馳走になり、「情けは人のためならず」という日本の格言を、白石は古いタイプの人間なので改めて思い出したのである。

▼五〇ドルのチップ

白石にとっては、二〇年間のキャブの経験で五〇ドルのチップは最高金額となった。その後現在まで、五〇ドル以上のチップはない。

筆者も、約七〇〇〇円のチップをいただいたことがある。それが現役時代の最高金額である。確か品川のプリンスホテルからだったと記憶しているが、東京駅までのお客であった。年配の女性で、品のある顔立ちをしていて話の内容にも教養があった。特別な話をした記憶はないが、筆者と何となく話が合ったのである。二〇〇〇円少しの料金に、一万円を出してお釣りはいらないと言う。白石と同じく、「お釣りが多すぎます」と言ったが、「取っておいてください」と言って、七千数百円のお釣りを受け取らなかった。お客との関係は、多くを語らなくても気が合う人は合うものである。

タクシードライバーは、ペラペラ喋ったり、必要以上に愛想を振りまく必要はない。自然に接するのが一番なのである。特に狭い車内で一人のお客の場合、多くを語らなくても気心は通じるものである。タクシー会社も国土交通省も、やたら接客だけをうるさく言っているが、接客の基本は、何よりお客様には自然に接することなのである。やたら愛想を振りまいても、事故を起こしては何にもならない。タクシーは、愛想よりも安全が第一なのだ。

▼ニューヨークでは官僚接待はない

東京では、霞ヶ関の官僚たちが、タクシードライバーから缶ビールやおつまみを貰って飲んでいたことがニュースになった。省庁のチケットで乗りながら、現金までキックバックしてもらっていたという。これは間違いなく犯罪である。二〇〇八年九月一三日付『産経新聞』の記事は次のように報じている。

　中央省庁の職員を対象にした「居酒屋タクシー」問題で、東京都個人タクシー協同組合が、ビールなどを提供していた個人タクシー運転手九人を組合の規約違反で処分することが一二日分かった。来週にも賞罰審査委員会を開いて処分内容を決定する。組合はほかにも「居酒屋タクシー」を開いていた運転手がいるとみており、運転手が特定されれば、随時、処分していく。組合の罰則規定では、顧客にアルコールを提供したり、運賃料金の割戻し行為をした場合は、表示等の使用停止や無線営業の停止、チケットやクレジットカードの精算禁止などの罰則を一八〇日間を限度に科すことになっている。「居酒屋タクシー」は密室での行為で、事実認定は難しいとされてきたが、深夜帰宅にタクシー運転手からビールや現金を受け取っていた国家公務員は一七府省庁・機関の計約一四〇〇人にのぼり、一一府省庁・機関が三三人を懲戒処分にし、一一八人に訓告や厳重注意の処分を行った。このため、組合としても事態を重視し、聞き取り調査などを進めてきた。その結果、ビールなどの物品を提供していた九運転手の規約違反行為の特定に至った。

「居酒屋タクシー」問題では、国土交通省も割戻しを禁じた道路運送法に抵触する疑いがあるとして、事業者への調査を進めている。国土交通省は当初、「現金を渡しても個別に調査してみないと、割戻しかどうかわからない」（旅客課）としていたが、各省庁の調査から現金と金券の提供は割戻しに該当すると断定。行政処分に向けて、現在運転手の特定を進めている。

これを読んで役人の処罰のほうが気になった。一一八人に訓告や厳重注意の処分を行ったとある。訓告や厳重注意が処罰なのか？　身内に甘い体質は相変わらずである。

▼アメリカではありえない

こんなことはアメリカではありえない話だ。白石が言うには、アメリカで同じようなことがもしあったとしたならば、役人は即解雇になるだろう。また白石は、もしニューヨークでそんなことが行われたら、ドライバーも資格を剥奪されるだろうと断言した。アメリカの場合、公務員の犯罪行為に対しては厳しい処罰が科せられる。それに比べたら、日本はぬるま湯に浸かっているようなものである。ビールやおつまみを提供してまでも仕事をしなければいけない、タクシードライバーの苦しさも理解できないことはない。しかし、いかにも日本的で嫌な事件である。ビールやおつまみを提供しないドライバーには、仕事が廻ってこなかったのか、ということにもなる。

特に日本の場合、官僚同士が身内の犯罪行為に対して甘い。警察も検察官も官僚なのだから、霞ヶ関の役人に対しては役人同士という意識がある。多分タクシーの車内で接待を受けた官僚は、たいした罪にならずに終幕となるのは分かっている。それにしても、日本人が恥を知らなくなった。タクシードライバーから、ビールやおつまみを貰って車内で飲むなどは、さもしい姿である。それも、普段は高級官僚といわれ、霞ヶ関から国民を見下ろしている連中なのである。酷い国になったものだ。

▼官僚はバスや地下鉄を利用する

白石もニューヨークを走り、官僚を何度もお客にしているが、日本の官僚と違ってアメリカの官僚は謙虚な人間が多いという。日本よりも、公僕という意識を強く持っていると言う。昔は日本の公務員も公僕という意識を持っていたものだが……。仕事での移動も、バスや地下鉄を利用するケースが多く、ハイヤーでふんぞり返っているのは、ほとんどいないという。

ちなみに、ニューヨークにもハイヤーはある。キャブの場合は黄色しか認められないことになっており、黄色しか走れないのであるが、ハイヤーは、日本と同じように黒の車である。ハイヤーの利用者は企業の役員が多い。ダイアナ妃が、事故に遭って亡くなった時に乗っていた車もイギリスのハイヤーであった。

東京の霞ヶ関の役人たちは、夜遅くまで仕事をすればタクシーで帰宅となる。残業は、終電に間に合う時間までとしておけばいいような気がするが——。鎌倉でも逗子でも、深夜にタクシーでご帰還となるのはいかがなものか……。

6章　お客は千差万別

▼女性客に誘われる

ハーレムのアポロ劇場の近くで、女性が手を上げた。年の頃は四〇代前半ぐらい、ヒスパニックのようである。少し疲れた表情をしている。ルームミラーで見ると普通のOLには見えない。アパートに着くと部屋に行かなければお金が無いという。白石はピンときた。よくあるパターンで、部屋に一緒に行くと、体で払うからというのである。もちろん、メーター料金よりも多くこちらが払う羽目になる。「待たせると悪いから、部屋に一緒に行って」と彼女は言った。多分、お客にあぶれた売春婦と見たほうがよい。白石は「いいよ、待っているから」と言って待つことにした。一〇分待っても来ない。結局諦めた。

白石がドライバーになりたての頃、やはり同じことがあった。部屋に一緒に行くと、お客の女はにっこり笑いながら可愛い顔をして、ブロンドの髪を掻き上げて「体で払わせて」と言った。見事な乳房を揺すり、服を脱ぎはじめたのには白石も驚いた。白石はそんなことは初めてだったので、ビックリして逃げ帰った。後で同僚に聞くと、それは逃げ帰ってよかったと言われた。同僚の中にはついことに及んで、逆に身包み剥がされたものもいたらしい。誘われて、一戦が終わってから脅されたと言う。「あんたにレイプされたとポリスを呼ぶ」と脅され、その日の売上金と自分の財布の金まで、ソックリ差し出すハメになった同僚もいたのである。女性は怖い、気をつけなくてはいけないのは女性だと白石は言う。

▼日本でもある

日本には、美人局《つつもたせ》という手がある。東京で仕事をしていた頃の同僚の話だが、マンションの前に着いて、「お金は部屋に行かないと無いから部屋まで一緒に来て」と言われて付いて行った。言われるままに部屋に入ると、彼女がコーヒーを出した。そして、彼女が隣に座り擦り寄ってきた。すると、怖いお兄さんが玄関から入ってきて「お前は何をしている」と脅され、売上金四万円と自分のお金二万円を取り上げられたという。入ってくるタイミングはどうしていたのか、携帯のない時代なので不思議であったと言う。そのドライバーは、後が怖いので警察には届けないで終わったらしい。

筆者も、現役時代女性に誘われたことは何回かある。もちろん一度も誘いには乗らなかった。どう見ても普通のＯＬにしか見えない女性もいた。あと二人は飲み屋の女性である。一度は横浜での話だが、午前二時頃乗った女性に、これから鎌倉のモーテルに行こうと言われたことがある。何で鎌倉だったのか分からないが、「旦那のところに帰りたくない」ということであった。もちろん丁重にお断りしたが、世の中には、本当に寂しい女性もいるのは事実なのは経験から分かった。

前著『タクシードライバー千夜一夜物語』（K&Kプレス）で書いたが、女性に誘われるままに箱根に行き、それから茅ヶ崎まで行って、モーテルに一泊して帰った同僚もいた。もちろんメーターは入れっぱなしで、モーテルに入ったときだけはメーターを止めておいたが、それでも、横浜駅に戻ったら料金が五万五〇〇〇円になっていたという。東京から来た三〇代の女性で、六万円を払って横浜駅から帰ったという。

同僚には奥さんがいたが、タクシードライバーは仕事が終われば朝帰るのが当たり前なので、なんら問題は無かったのである。なんと、売上はその日トップであった。これは本当の話である。その女性が言うには、最近彼氏と別れて寂しかったということであった。タクシードライバーなら乗務員証があるので、最初から身元を明かしているようなものだから安心できた、という理由であった。彼は元スナック経営者で、遊びなれた男だったので、電話番号を聞くなどと野暮なことはしないでそのまま別れたという。こういう場合、お互いに二度と会わないのが一番いいのである。

▼ウォール街で

夜七時ごろ、ウォール街で四〇代の男性が乗った。白石は、ウォール街の住人はあまり好きではない。彼らには、人間的な温かさを感じないからである。申し合わせたように冷たい感じがする男たちである。もっとも、競争の激しいウォール街では、冷たい心を持ち続けなければ生きていけないのだろう。冷酷に生きる。それがウォール街の定めなのである。

世界の金融の中心として知られるウォール街は、一七九二年にニューヨーク証券取引所が出来てから、金融業が集まる場所となった。ウォール街の近くには、一六九七年に建設された、ニューヨーク最古のネオ・ゴシック教会「トリニティ教会」があるが、この教会は白石も好きな教会で、その姿は古き良き時代を偲ばせてくれる。

映画『ウォール街』は一攫千金を夢見る若き証券マンのバド（チャーリー・シーン）と大富豪ゲッコー（マイケル・ダグラス）をメインとして、ウォール街と証券業界を見事に描いた傑作であった。筆者が証券会社に勤めていた頃、若い営業マンで、朝起きたら『ウォール街』のテーマを聞いて、張り切って会社に来るという、そこまで映画に感化された若者もいた。生き馬の目を抜くウォール街で生きていくには、確かに冷酷でなければいけないだろう。しかし、白石の生き方とはまったく異質な世界なのである。

▼銭は要らないから降りてくれ

ウォール街で白石が拾った四〇代の男は、行き先を聞き返したらとたんに怒り出した。「確認のために聞き返して何が悪い」と白石も応じて口論になった。ついには白石も切れて、「銭は要らないから降りてくれ」と降ろしてしまった。多分そのお客は、仕事で疲れてイライラし

ウォール街の空気は、いつも張りつめている。

ていたのだろうと白石は言う。ただしウォール街の男たちは、とんでもない長い距離を乗ってくれることもある。彼らは所得がいいから、たまに長距離を利用するお客でもある。ニューヨークの場合、日本と違って会社のチケットなどというものはない。会社のチケットというものは日本独特のものなのだ。日本では、経費で落とすという言葉が盛んに使われる。これは厳密にいうと、脱税行為になっている事例が少なくないのである。ニューヨークでは、脱税は厳しい罪に問われる。

筆者も、時効だから書くが、「銭は要らないから降りてくれ」とお客を降ろしてしまったことが何回かある。そういう場合は、例外なしに若い生意気な客である。取っ組み合いになりそうになったこともあるが、実際に殴り合いになったことはない。いや、埼玉で一度あったが……。筆者は、年寄りや家族連れには決して逆らわなかった。白石と同じで、筆者の経験でも、どちらかと言えばブルーカラー（少し古い表現だが）の人たちの方が人間的に温かみを感じたものだ。ブルーカラーの人達は、所得は多くないかもしれないが思いやりがある。人間的に優しさをもっている人が少なくない。

7章　ハリウッドのスターたち

▼映画スターがお客に

ブルックリンで、映画スターのマット・ディロンが女性連れで手を上げた。マット・ディロンが乗るのはこれで三回目となる。半年ほど前にも女性連れで乗ったことがあるが、会うたびに違う女性と乗ってくる。それにしても、同じスターに三回も会うとは……。彼は、多くの映画に主演していて、演技力にも定評がある。二〇〇五年の『クラッシュ』、一九九五年の『誘う女』も良かったが、一九八三年の『アウトサイダー』は名作であった。

キャブ・ドライバーの利点は、ハリウッドのスターたちとも会えて、気軽に話ができることである。彼らは、実にフランクな男が多い。白石が、これで三回目ですねと声をかけると、笑いながら「あんたと縁があることになるね」と気さくに応じてくれた。同僚たちからもスターをお客にした話を聞くが、アメリカのスターは一般的に気さくな男が多い。変に気取ったりはしない。そこがアメリカ人の良い面でもある。

白石は、キアヌ・リーブスも二回乗せたことがある。キアヌ・リーブスは、一九九四年『スピード』がヒットして大スターの仲間入りをした。一九六四年レバノン・ベイルート生まれ。

高校・大学とアイスホッケー選手として活躍している。一九八五年『栄光へのフィニッシュ』でデビューしてから、多くの映画に主演している。日本では『マトリックス』で有名である。

彼も女性連れだったが、日本のアホな写真記者たちと違って、ニューヨークの記者達は、別に女性連れだろうと追いかけてスキャンダルにしたりはしない。ニューヨークのスターたちは、堂々と女性連れでキャブに乗る。誰はばかることもなく、毎回違う女性とキャブに乗ってくるのである。チマチマした日本の社会と違う姿がニューヨークにはある。どちらがまともな社会だろうか。すぐに写真に撮って騒ぎ立てる、日本のほうがまともでないのは言うまでもないことである。

▼日本のスターたち

筆者も現役時代に有名人は何回もお客にしている。東京で仕事をしていた頃、羽田空港から、野球の田淵さんを自宅まで送ったことがある。テレビで見る通りの、育ちの良さを感じさせる男であった。再ブレイクしたルー大柴さんは、横浜で仕事をしていた頃、新横浜の駅からご自宅まで送っている。ルー大柴さんも素顔は真面目な人で、前著でも書かせてもらった。本で紹介させてもらったお礼に、拙著をマンションの管理人を通して届けたら、丁寧に礼状を送ってくれた。なかなか、礼儀を心得たしっかりした男である。落語の三遊亭楽太郎さんは、「ホテル・ニューオータニ」から自宅まで送っている。なかなか好感の持てる人で、気取りのない人であった。麻雀が好きだということで、筆者も麻雀では「九連宝燈」を上がった経験があるので、話が弾んで、自宅に着くまで麻雀の話をした記憶がある。「三年目の浮気」でブレイクした、ヒロシ&キーボーの黒沢ヒロシさんも自宅まで送ったことがある。兄貴の黒沢年雄さんよりも男前で背も高かった。何よりも人柄が良い。自宅のほうへ向っていて少し道を間違えたら、「別にいいですよ、無事に着けばいいから」と大らかであった。冬の寒い日であったが、一人歩く姿は、首からたらした赤いマフラーが格好良く決まっていた。

▼ナイスガイ山本昌広

筆者が会った有名人で最高のナイスガイは、何といっても、中日ドラゴンズの山本昌広さんである。選手の登録名は山本昌で登録してあるようだが、正確には昌広である。二〇〇八年に彼が二〇〇勝を達成したときは、自分のことのように嬉しかった。山本選手は、もっとも二〇〇勝投手にふさわしい男だと思う。四〇歳を過ぎてから達成できたことに意義がある。努力の賜物なのがその人柄から理解できるのである。前著でも褒めて書かせてもらったが、ナイスガイがピッタリの男であった。謙虚で人間性がよい。彼の場合はいくら褒めても、褒めすぎはない。

山本選手が乗ったのは、登板はなかったが、横浜スタジアムでの試合の翌日である。ホテルから奥さんとお子様連れで新横浜の駅まで乗られた。奥さんとお子さんは、茅ヶ崎の実家に泊まってきたと言う。山本選手は茅ヶ崎の出身なので話は弾んだ。

彼は最後まで敬語で応じてくれた。なによりも、スポーツマンらしい爽やかさがあった。Tシャツを着ていたが、上半身はプロレスラーのように逞しかった。前著で書かせてもらってから、お礼に拙著を贈った。そうしたらシーズンオフに、山本選手がアメリカに野球留学したときにお世話になった、今は亡きアイク生原さんの奥さんがお書きになった『ドジャースと結婚した男』(生原喜美子、ベースボール・マガジン)を手紙と一緒に送ってくださった。なかなか内容の充実した本で、山本昌広さんがアメリカに野球留学してから、ピッチングに開眼した経緯が詳しく書かれていた。山本選手は、ドジャースに野球留学してからピッチングに磨きがかかったのである。彼は今でも、毎年シーズンオフになるとアメリカに渡り、お世話になったアイク生原さんのお墓参りを欠かすことがないという。それだけ義理堅い男なのである。彼は、野球選手の鏡と言っても決して過言ではない男である。

▼さすが山本選手

山本選手に関して素晴らしいニュースが二〇〇八年一一月八日、スポーツ報知の電子版で報じられた。なんと彼が、球団の裏方さん六〇人に、仕立ての背広をプレゼントしたと言うではないか……。総額六〇〇万円と言うから、一着一〇万円の背広をプレゼントしたことになる。二〇〇勝を達成した御礼で、八月下旬から採寸を始め、内ポケットの部分に「200win s」のエンブレムをあしらったものらしい。打撃投手やスコアラーに配られたという。さすが、ナイスガイ山本昌広である。こんな気配りは山本選手でなければできないことである。他の選手たちに山本選手の爪の垢でも煎じて飲ませてやりたい思いがしてならない。

最近は、自分さえ良ければという選手が多すぎる。FAにしても、FAの資格を取得したとき、山本選手は年俸を吊り上げるネタにすることもなく、あっさりと残留を決めている。毎年の事ながら、シーズンオフになると、メジャーに行ったり他球団に移籍する選手が少なくない。しかし、中には世話になった球団に対して、後ろ足で砂をかけるような去り方をする選手もいて、こういったことがあとを絶たないのは、見ていても悲しくなる。日本には、義理とか恩義に報いるという文化があったはずである。最近のプロ野球選手を見ていると虚しくなるばかりである。平気で義理を欠く野球選手を見ていると、ますますナイスガイ山本選手の存在が貴重に思える。

8章　若きジャズメン

▼マイケルとの出会い

ハーレムの近くで、トランペットのケースを小脇に抱えた黒人の若者が手を上げた。まだ幼さが残る若者である。白石がトランペットに興味を持って聞くと、これからバンドのオーディションを受けに行くところであった。なんと、キャブに乗るのは一〇年ぶりだという。お父さんが元気なときに、一緒に乗ってからキャブに乗っていないという。貧しくてキャブに乗る機会がなかったと言うではないか……。オーディションの時間に遅れそうなので、久しぶりに、一人では初めてキャブに乗ったのである。

トランペットは父の形見である。父親は六年前、彼がハイスクールに入って間もなくの頃、ガンで一年入院してから亡くなったという。アメリカの医療費はべらぼうに高い。一年の入院で家の蓄えも底をつき、アルバイトを続けプロを目指してきたと教えてくれた。彼の父は、プロのジャズトランペッターとして活躍していた。彼も、プロを目指してオーディションを受けに行くところであった。ハイスクールに入学してから父を亡くし、それからはお母さんと二人の生活で、お母さんが必死で働いて、彼をハイスクールに通わせてくれた。ハイスクールを卒業してからは、働きながら必死でトランペットの練習に励んだ。

白石が「自信はあるか」と聞いたら「自信はある」とはっきり答えた。なかなか逞しい体で、純真な顔をしている。眉が太く意志の強さが感じられる。名前は「マイケル」と言った。話を聞いて、この若者はモノになると白石は思った。彼は、ダウンタウンの「ジャズスタンダード」の前で降りた。父の友人が紹介してくれた、バンドのマスターに会いに行くのである。白石は、頑張れと言って二〇ドル足らずの料金を受け取らなかった。

▼マイケルのバンドが決まった

一週間後に、ハーレムの近くでまたマイケルを見かけて停めた。この前のバンドは駄目だったが、もっと小さなバンドに仕事が決まったと嬉しそうに語ってくれた。今日はお祝いだから料金は要らないと言って、また白石は料金を受け取らなかった。白石は、自分の若い頃を思い出していたのである。「小さなステージでも手を抜いてはいけないよ」と白石は忠告した。ミュージシャンは常に全力投球でなければいけない。手を抜いたりしたら、耳の肥えたお客にはすぐに分かってしまう。ミュージシャンは、手を抜いた時から駄目になっていく。

父と同じ道を選んだマイケルに、幸せになって欲しいと言う願望が白石にはあった。それからは、彼を見かけるたびに、料金を受け取らずにキャブに乗せるようになった。「お金を沢山稼げるようになったら、払ってくれればいいよ」と、白石はいつも笑って話した。

セントラルパークの広大なシープメドウを雪が覆い尽くし、静寂が訪れた。

数ヶ月した頃のことである。いつものところでマイケルが手を上げた。マイケルが、白石を待つ場所を決めていたのである。じっと白石が通るのを待っていてくれていた。二時間ぐらい待っていたと言う。実は、ランクが上のバンドに採用されたので、報告したくて待っていたのであった。白石はそのとき、車をセントラルパークに向けて走らせ、セントラルパークで初めて彼のトランペットを聴いた。

▼セントラルパークで

ご存知の方も多いと思うが、セントラルパークはニューヨーカーの憩いの場所で、広大な公園である。ジョキングやサイクリングを楽しむ人も多い。この公園は三四一万平方メートルという広大な敷地の公園で、ニューヨークでは白石が最も好きな場所である。白石は、仕事中に休憩を取るときもできるだけセントラルパークに来る。もちろん仕事が休みのときも、ここに来れば心が安らぐので、自宅から自転車で来ることが多い。

ニューヨークで白石の好きな場所は、海とセントラルパークなのである。セントラルパークを一回りするには二時間半ぐらいかかる。約八万九〇〇〇平方メートルの芝生の広場もあり、夏になれば、ここで寝そべって日光浴をしたり、昼寝をする人が多い。芝生の向うには摩天楼が見えて眺めもいいので、広い芝生のシープメドウは人気があり、ドラマのシーンに登場することも多い。映画『ウォール街』のラストシーンで、チャーリー・シーンがマイケル・ダグラスに殴られたのがこの場所で、あのシーンを覚えておられる人も多いと思う。セントラルパーク動物園もあり、プールではアシカのショーもやっている。ここではレンタルサイクルもあるので、颯爽とサイクリングを楽しむニューヨーカーのように、日本の旅行者がサイクリングをしてみるのにもいい場所である。

▼マイケルのトランペット

マイケルの吹くトランペットの美しい音色が、セントラルパークに響き渡った。白石は、マイケルのトランペットに正直感動した。見事な演奏であった。ニューヨーカーはジャズが好きである。自然と人垣ができて拍手が湧いた。ニューヨーカーが素晴らしいのは、良い音楽を聴き分ける耳を持っていることである。ジャズを聴く耳が肥えている。反面、駄目なものには遠慮なくブーイングを浴びせる。だからプレーヤーも腕を上げるのである。

スポーツにしても、メジャーの野球を見ていると、駄目なプレーには遠慮なくブーイングを浴びせる。だがニューヨーカーは、試合中は静かに野球を見ている。日本では、素人同然のプレーでもファンは黙って見ている。そして日本のファンの応援は、笛や太鼓を打ち鳴らして馬鹿騒ぎするだけである。筆者はアノ馬鹿騒ぎするだけの応援が嫌いで、球場に足を運ばなくなってからしばらく経つ。応援が煩わしいから球場に行きたくないと言う人は意外と多い。日本では、観客が騒いでストレス解消しているだけで、野球を本当に愛していないのではないか……。ニューヨークのように、静かに野球を楽しむ時代はいつ来るのだろうか？

白石はアルトサックスでプロを目指したこともあるから、聴けば力量は分かる。マイケルのトランペットを聴いていると、間違いなく一流のプレーヤーの腕前だった。想像を絶するような努力の成果が、演奏に表れていた。マイケルに聞くと、父の友人の一流のトランペッターが、レッスン料なしで心血を注いで真剣に教えてくれたと言う。もちろんマイケルも期待にこたえようと、死に物狂いで毎日練習した。ステージが終わってからも練習に励んだ。筆者の体験からも言えるが、楽器は一に練習二に練習、練習を積むしかない。そして、マイケルは良い指導者にも巡り会えたことになる。父の友人という点でも最高の先生であった。マイケルの素晴らしい音色のトランペットを聞いて、白石は自然に涙がにじんで来た。白石は、マイケルに気づかれないようにそっと涙をぬぐった。

▼ブルーノートで

それからも、マイケルはたまに手を上げることはあっても、お蔭様で料金を払えるようになりました、とチップとともに料金を払ってくれた。そして二年が過ぎたある日、彼がいつもの場所で手を上げた。マイケルが嬉しそうに白石に伝えた。一週間後、ブルーノートに出演するから招待すると言うではないか……。白石は、彼の好意を素直に受けることにした。イーストヴィレッジにあるブルーノートは、ジャズのライブハウスとして名門中の名門クラブである。一流のミュージシャンが出演し、アットホームな雰囲気で人気がある。日本でも知られたライブハウスである。ここでは、多くのトップミュージシャンが演奏する。そして、多くのスターもここから飛び立っているのである

ブルーノートで聴く彼のトランペットは白石の心を打った。アメリカに渡って一五年が過ぎたが、こんなに感動した事は今までになかった。亡き父の使い古したトランペットは、シルキーの特注モデルで、今ではメッキも輝きを失い鈍い光を残していたが、音は素晴らしかった。澄んだ素晴らしい音色であった。良い音が出るのは、古くても手入れを怠らなかったからである。テクニックも、セントラルパークで聴いた頃よりもさらに上達していた。彼の演奏には熱き心があった。トランペットのソロでは、マイケルが一番拍手が多かったのである。

ジャズミュージシャンの演奏は、いくらテクニックが素晴らしくても、心がこもっていなけ

れば人を感動させることはできない。純な心を持っていればそれが音に現れる。白石は心から嬉しかった。涙をこらえるのに苦労した。父の遺志を継いで、父の形見のトランペットを吹いて、多くの観客から拍手を貰ったことが白石の胸を打ったのである。白石も、手がちぎれて骨折を心配するほど拍手を送った。キャブ・ドライバーを続けなければ、マイケルとの出会いもなかった。そしてマイケルの、恩返しをしたいというけなげな心が嬉しかったのである。

白石は、マイケルがトップミュージシャンになるまで応援しようと心に誓った。キャブの仕事をしていて、お客様とジャズの話になると、マイケルの演奏振りを我が子のことを自慢するように、宣伝しているのである。白石は、マイケルの宣伝マンを自認している。白石は最近、しばらく吹いていなかったアルトサックスを引っ張り出して吹いている。サックスを吹くと、ミュージシャンを目指した頃を思い出す。何となく昔に戻って、若返るような気がしてならないのである。

9章　白石の一日

▼仕事は午後五時から

白石は現在、午後の五時から翌朝の五時まで一二時間仕事をしている。以前は午前五時から、午後五時まで昼のパターンで仕事をしていたが、夜のパターンのほうが収入がいいので、夜のパターンに変えたのである。夜の時間帯のほうが収入がいいのは、東京も変わりがない。ニューヨークのキャブ・ドライバーの仕事の形態は、朝の五時から夕方の五時までと、午後五時からの夜のパターン、この二通りがほとんどである。

セントラルパークウエストの自宅から、「フリート（キャブの管理会社）」まで自転車で通っている。自転車で二〇分ぐらいかかるので、健康にも良いからそうしているのである。自転車はラッシュも関係なく走れるし、何よりも健康に良い。車と違いガソリン代もかからない。急がずゆっくり走る。しかし、自転車は雨には弱いので、雨の降る日はタクシーを利用することもある。一週間仕事をして、一週間休む。現在は、一週間ごとに仕事をしている。

▼タクシー車はフォード

車はフォードのクラウン・ビクトリアで、ニューヨークを走るキャブの九〇パーセントが、このフォードの車を使っている。最近は燃料の高騰により、ハイブリッドのキャブも増えているのが現状である。ガソリンの問題もあり、これから益々ハイブリッド車は増える。ニューヨークでは、二〇一二年までにキャブ全車をハイブリットにする予定だと言う。

日本と違うのは、LPガスの車が無いことである。日本であれば、個人タクシーを除いては、ほとんどLPガスの車を使っている。なんといっても、ガソリンよりもLPガスのほうが安いからである。ガソリンの半額近い料金になるから、タクシー会社にとってはLPガス以外の車は考えられないのである。ニューヨークでも、一時LPガスの車を使ったことがあるが、スピードが出ないのと、エンジンの馬力が小さいのが嫌われてあっという間に消えてしまった。

確かに日本と違い、大きなアメ車でハイウェーを飛ばすには、LPガスの車では力不足である。日本で、LP車で高速を走ると、スピードが出なくてイライラすることがあった。ハイウェーの発達したアメリカでは、ガソリン車に比べたらスピードの出ないLP車は無理のようである。

▼運転席と客席は遮断

ニューヨークのキャブは、もちろんクレジットカードが使えるが、全車対応ではない。カー

車の色と大きさを除けば、東京でも似たような光景が見られる。

ドが使えないキャブも少数ではあるが存在する。日本でも東京・横浜ではクレジットカード対応のタクシーが多くなったが、まだすべてのタクシーでカードが使えるわけではない。確かに日本でも、カードで決済するお客が増えているのは事実である。ニューヨークでは、お客様がクレジットで決済した場合、ドライバーは五パーセントの手数料を負担することになる。日本では、会社が負担しているところと、ニューヨークのように、ドライバーが負担している場合と二通りある。

ニューヨークのキャブは、客席と運転席は強化プラスチックの防犯ガードで覆われていて、完全に遮断されている。日本は運転席だけだが、ニューヨークの場合は、客席は完全に運転席と遮断されているのである。ここまでやらないと危険だから、多少不便でも誰も文句は言わない。

ガードが無いといつ襲われるか分からないのがニューヨークなのだ。

▼防犯の窓からお金をやり取り

ドライバーの身を守り危険を防ぐため、お金をやり取りする部分が窓になっていて、その部分は開閉できるようになっている。しかし、窓の部分を閉めているとルームミラーで後ろが見えにくいため、ほとんどのドライバーが、窓の部分を開けたままで走っている。窓は、横が四五センチぐらい、縦が二五センチぐらいで、結構スペースがある。この窓からお金のやり取りをするのである。運転席と客席は、強化プラスチックで遮断されている。それでも、窓から手を伸ばして、首にナイフを突きつけられることがある。助手席にお客が乗る場合は、大体四人の場合で、一人や二人の客は助手席には乗せない。危険だからである。日本と違い、自動ドアはついていないから、赤信号で停まっていても、勝手にドアを開けてお客は乗ってくる。道路で手を上げても、どうしても黒人のお客は無視される傾向はある。確率の問題だと思うが、危ないお客は黒人に多いのも事実なのである。

▼チャイナタウン

食事は、忙しいときには取らないこともあるが、普段は、午前一時頃に一回食べるようにしている。ファストフード店に行くこともあり、ブルックリンに行ったときは、チャイナタウン

ニューヨーカーに愛され続ける屋台。ファストフードの原点。

世界中どこでもそうであるように、チャイナタウンには活力がある。

に寄って、テイクアウトを車の中で食べる。時間がもったいないので、店内に入って食べることはしない。白石は仕事中、食事以外はコーヒーを一、二回飲むぐらいで、あとはほとんど走っている。

今や、チャイナタウンの人口は一〇万人を超えている。マクドナルドの看板まで漢字で書かれていて、歩道には、食材を売る露天や、ニューヨーク名物の屋台が並んでいる。焼きそばや野菜炒めなど、二、三ドルで食べられる。屋台はとにかく安い。筆者が泊まったニューヨーク・ヒルトンの周りにも屋台が多く出ていた。一つの屋台には行列が出来ていて、ごった煮のようなものを売っていたが、大変な人気であった。

チャイナタウンのメインストリートとなっているモット通りには、中国料理のレストランが並んでいる。中国人がニューヨークに移住するようになったのは、一八六〇年頃からで、広東省出身が多い。だから、どうしても中華レストランは広東料理が多くなる。筆者も、中華料理では北京料理などよりも広東料理が好きだが、広東料理は日本人の好みにも合う料理である。

▼広東料理は日本人向き

横浜の崎陽軒の元総料理長・曽兆明さんとはお付き合いがあったが、あの人の作る広東料理は美味しかった。絶品であった。筆者は、中華料理が好きで結構食べる機会があるが、曽さんの作る料理は最高であった。曽さんからは、拙著の推薦文を書いてもらったこともあるが、筆者が行くといつも最高の席を取ってくれた。独立して渋谷に店を構えてから、そんなに経たないうちに急に亡くなられたことが残念でならない。テレビでも知られるようになり、これからというときに亡くなられた。

曽さんが著書『黄金チャーハンの達人 曽兆明のときめきレストラン』（K&Kプレス）を出すときに出版社を筆者が紹介した思い出がある。曽さんは、男らしくて料理に情熱を持っていた。料理も音楽と同じで、心の持ちようが味に表れる。料理人も、良い味を出すには、常にきれいな心を持ち続けなくてはいけないのである。料理人の仕事は厳しい仕事だと思うことがある。なぜならば、食べる人の評価がすぐに表れる。ごまかしが効かない。

▼アジアの料理が楽しめる

チャイナタウンも最近は、ベトナムやフィリピンなどからの移民も増えたので、中華料理だけではなくアジアの料理が楽しめるようになっている。チャイナタウンの北側には、リトルイタリーがある。一九世紀後半からイタリア移民が住むようになり、一九三〇年には一五万人となった。今では中国パワーに押され、中国系の店も増えている。それでも、マルベリー通りにはイタリアの国旗がはためき、イタリア料理のレストランやイタリアンカフェなどが立ち並ぶ。マルベリー通りとプリンス通りの角には、一八一五年に建てられたニューヨークで最初のカトリック教会、オールド・セント・パトリック教会がある。六月にはパドゥアの聖アンソニー祭、九月には聖ジェナーロ祭があり、イタリア人特有の明るい気質が爆発して盛り上がる。筆者がニューヨークを気に入ったのは、教会の数が多いこともある。教会が多いと、何故か心が落ち着く。

▼ブルックリンのよさ

ブルックリンは、マンハッタンからイースト川を渡ったところにある。ブルックリン橋、ウィルアムズパーク橋、マンハッタン橋の三本の橋でマンハッタンと結ばれている。イースト川近くにある高台は、ブルックリンハイツと呼ばれ、一九世紀半ばから続く閑静な住宅街である。そこでは、ロマネスクやネオ・ゴシック様式の建築物、ブラウンストーンを使った家々を目にすることができる。イースト川沿いには、ブルックリンハイツ遊歩道と呼ばれる五〇〇メートルぐらいの距離の散歩道がある。ここは、散歩する人やジョキングする人達で、週末になると賑わう所である。ここから見るマンハッタンの摩天楼は素晴らしい景観で、絵葉書などでも見られる景色である。

ブルックリンの南端にはコニーアイランドという、小さな遊園地のある海水浴場がある。しかし、最近は遊園地に訪れる人は少なくなり、物騒なエリアになっている。四〇年代には賑わった場所であった。ピザの好きな人には、「グリマルデイ」という有名な店がある。ここのピザは小でも一人で食べきれないほどの大きさで、白石も好みの店である。

▼公衆トイレは少ない

ニューヨークは公衆トイレが少ない。地下鉄の駅にもトイレが無い。地下鉄に乗るときはトイレを済ませてから駅に行ったほうがいい。白石の場合、トイレはガソリンスタンドで借りるようにしている。ガソリンスタンドのある場所は、常に頭に入れておくようにしているのである。

トイレを我慢すると体に良くない。膀胱炎になったり、尿管結石になったりすることが少なくない。筆者も、尿管結石になったことがある。あの痛みは尋常ではない。七転八倒とはこのことかと思った。我慢できない痛みであった。救急車が来るまでが何時間にも感じられた。東京・横浜の場合、公衆トイレが街の方々にあるので、その点では、東京や横浜で働くタクシードライバーは助っている。

▼日常の仕事ぶり

午後五時、フリート（キャブの管理会社）へ着いたら、自分の乗る車を確認して、ガソリンが満タンになっているか調べる。車をチェックしたら仕事に出る。車をよく確認しないと、仕事が終わってから傷がついているのを見つけても遅い。自分が傷をつけたことにされてしまうのである。これは、ニューヨークも日本も変わりがない。仕事に出る前に車をよく見て、傷があれば報告しておかないと、仕事が終わってから気がついても自分の責任になる。

▼最初の客は女性が良い

スタートしてから、一〇分も経たないうちに女性が手を上げた。白石は、今日はツキがいいと思った。最初のお客が女性だとツキがいいから、売上が期待できる。これは、筆者の現役時代と同じである。最初のお客が女性だと筆者も最初のお客が、若くても年寄りでも年に関係なく女性だと、その日一日ツキが良かった。キャブ・ドライバーの場合もツキに左右される。努力がイコール実績とならないことが多い。だからドライバーは、さまざまな縁起を担ぐのである。

筆者は、朝一〇分以上走ってお客に会わなければオロナミンCを飲んだ。すると、不思議にお客が拾えたからである。白石も筆者と同じ意見を持っていた。ツキを呼ぶコツは、「物事をポジティブに考える」。これがツキを呼ぶ。白石は、常にどんなことでもポジティブに考えることにしている。常に物事を前向きに考えることが、ツキを呼ぶコツなのである。これは筆者の信条でもある。ワンメーターでもお客を恨んではいけない、ツキがない自分が悪いのである。お客様に責任はない。

午後六時、ウエストサイドを流す。白石は、時間帯で流す地域を決めている。ウエストサイドでは次々とお客を拾えた。面白いもので、ツイている時はお客が降りたところで次のお客を拾えるものだ。この時間帯はウエストサイドがいい。アッパーウエストサイドはセントラルパークの西端から、マンハッタン島の西端までのエリアをいう。この地区には、リンカーンセンターや自然史博物館がある。セントラルパーク沿いには、有名スターたちが住む超高級アパートがある。アッパーウエストサイドは、高級住宅地で高級なアパートメントが多い。

▼リンカーンセンター

リンカーンセンターは、五つの劇場と、コンサートホール、図書館、そして、野外劇場もある、芸術のための総合施設である。一九五九年着工から一〇年以上かけて完成した施設である。リンカーンセンターの前には、メトロポリタンオペラハウスもある。メトロポリタンオペラハウスは、一〇階建ての建物で、三七八八人の観客を収容できる建物である。ロビーにはクリスタルのシャンデリアが輝き、螺旋階段には赤い絨毯が敷きつめられていて、落ち着いて品のある雰囲気をかもし出している。

壁にはシャガールの絵も飾られている。ニューヨーク・フィルハーモニックの本拠地であるエイブリー・フィッシャー・ホールがあり、すぐ左手には、ニューヨーク州立劇場がある。エイブリー・フィッシャー・ホールは、カフェがあってランチやディナーも楽しめるようになっている。それから、ニューヨーク公共図書館分館もあり、リンカーンセンター劇団の専用劇場であるヴィヴィアン・ボーモント劇場、音楽家や俳優の養成で有名なジュリアード音楽院。リンカーンセンター室内楽団の演奏会場として利用されているアリス・タリー・ホールがある。そして、夏になると無料のコンサートが開かれる、グッケンハイム野外音楽堂がある。芸術が好きな人にとってはたまらないエリアである。

▼日本でも作れないか

日本には、こんなにまとまった素晴らしい芸術の施設は無い。芸術に理解の無い政治家が多い国は不幸である。日本の政治家たちは、愚にもつかない公民館などは作るが、本腰を入れた芸術に理解のある施設、リンカーンセンターのような大きな施設は作ろうとはしない。財政が苦しくなっている現状ではとても作れない。日本も税収が多い景気の良い時代に、このような施設をなぜ作らなかったのか、残念でならない。

アッパーイーストサイドには、メトロポリタン美術館、グッケンハイム美術館、ユダヤ美術館など、沢山の美術館や博物館が並び、通称ミュージアムマイルと呼ばれている。この地区は、芸術に関心のある人にはこたえられないエリアである。

▼ミッドタウン

白石は特に夕方、渋滞の多いミッドタウンは避けるようにしている。ミッドタウンはブロードウェイ、五番街、タイムズスクエアがある。名前の由来は、昔はニューヨークタイムズの本

ミッドタウンは、夜の深まりとともに人を吸い寄せる。

社だったためにタイムズスクエアと名づけられた。それと、ミッドタウンにはエンパイア・ステート・ビルなどがある。

エンパイア・ステート・ビルはいまさら説明する必要も無い、アメリカのシンボルと言っても過言ではない有名なビルである。今でも、摩天楼の王者として君臨している。高さは四四三メートル、六万トンの鉄骨が使われていて、地上一〇二階建て。外壁には、一〇〇〇万個のレンガが使われている。一九二九年に着工し、一九三一年に完成という、規模の大きさからいったらこのような短い期間で完成したとは思えない建物である。五番街に面したロビーは観光客が絶える事がない。八六階の展望台から眺めるマンハッタンの夜景はお勧めである。

白石は、信号の流れがよい、青信号が続く

通りも頭に入れている。キャブの仕事は頭を使うことが大事なのである。仕事の出来ないドライバーは頭を使っていないのが多い。これは、日本もニューヨークも変わりがない。イベントの開催状況、コンサートの終わる時間などを常に調べて頭に入れておく。また、売上の少ないドライバーに限って、いつもボヤいている。神様はボヤいている人間を嫌う。物事を、常にポジティブに考える人間を好む。

午後七時、キャブの少ない場所を探すのも大変である。キャブの少ない場所はお客も少ないともいえるから難しい。比較的キャブが少ないソーホーへ向かった。ソーホーとは、サウス・オブ・ハウストンを略して名づけられたエリアである。北はハウストン通り、南はキャナル通りまでで、以前は、ギャラリーや個性的なブティックが並ぶエリアだった。最近では、プラダやシャネルなどのブランド店が増えている。ソーホーにはカスト・アイアンと呼ばれている建築様式の建物が残されているが、この独特な建築物は歴史保存指定地区として保存・保護されている。

ソーホーへ向うと、思ったとおりキャブが少ない。早速、背広姿のサラリーマンを二回拾えた。この時間帯はまだ、仕事帰りのサラリーマンが多い。時間帯と流す地域を常に考える。人によっては、いつも同じホテルに付けていて、ドアマンにチップを渡しておき、優先的にお客を回してもらって、ホテルと空港の往復を専門にしているドライバーもいる。暗黙の了解で、他のドライバーは黙っているのである。

▼ケネディ空港はフラット料金

ケネディ空港までは四五ドルのフラット料金となっている。空港から乗った場合も、マンハッタンまで四五ドルと決まっている。定額料金なのである。一九九五年にフラット料金になったときは、三〇ドルであった。長時間待って市内へお客を送るのにさらに時間がかかるから、三〇ドルのフラット料金はドライバーたちに不評であった。

ケネディ空港からタクシーに乗る場合、気をつけていただきたいのは、日本で言うところの「白タク」である。うっかり乗ってしまい、とんでもない遠くへ連れて行かれ、太ももを刺され、有り金と荷物まで全部取られた事件があった。強盗でなくても、高額の料金を請求される例が多い。空港で「タクシーですか」と声をかけられたら、十分に注意することが肝要である。

▼優しいポリス

パトカーが白石の車の前で停まって降りてきた。なんだろうと思ったら、ブレーキランプが片方切れていると言う。直してから署に寄れば許してくれるといってくれた。親切なポリスで助かった。早速フリートのガレージへ帰って、ブレーキランプの球を交換してもらった。近くの署に寄ったら、無線でパトカーと連絡を取り勘弁してくれた。こういうところが日本の警察と違う点である。日本では杓子定規で、まず勘弁してくれるということはない。

午後八時、正体不明の女性が五番街から乗った。ＯＬでもないし、飲食関係にも見えない。ニューヨークでは結構この手の女性は少なくない。服装も、どう見てもＯＬには見えない。話をしていると、画家であることが分かった。それで納得である。芸術家は正体不明に見えるぐらいでないといけない。日本では、元極道の阿部譲二が作家としてデビューしたとき、元極道ということが出版社で問題になったらしい。その時に、「ごろつきが作家になるのではなくて、作家は元々ごろつきなんだ」と言って、安部譲二をかばった方がおられた、という有名な話がある。確かに的を射た話である。

画家とか作家は、一昔前であればまともな人間のやる仕事ではなかった。野垂れ死にする覚悟が無ければ、作家や画家を目指すことはできなかったのである。日本人は、個人の人間性を見ないで、勤め先を気にしたり、業種を気にしたりする癖がある。要するに権威に弱いのである。権威や権力などくそ食らえ、というタイプは少数派である。

▼タクシードライバーを好む

筆者が、会社経営から撤退してタクシードライバーを選んだとき、ほとんどの知人友人達は、「何でタクシードライバーを」と言った。「何ではないだろう、俺が好きで選ぶのに文句があるか」と答えたものだ。口では職業に貴賎は無いと言いながら、日本人の癖はいつまで経っても変わることがない。少なくとも欧米では、人物を先に見る。人を見るよりも先に、業種を先に気にする日本人は一〇〇年遅れている、と言っても過言ではない。「士農工商」の悪癖が身についで離れないのである。

筆者は、事業から撤退するときに、これからは人を使うことも、もちろん人に使われることも止めようと考えた。だから、鳥のように自由で、仕事中に一日三時間も本が読めて、多くの職業の人に会えて、なおかつ給料がもらえるタクシードライバーが気に入ったのである。そして、これまた束縛のない物書きをやらせていただくことに感謝している。

物書きは、昔経験したボクシングに似ている。リングに立てば、自分一人で誰も頼ることは出来ない。物書きにとってのセコンドは編集者なのである。リングの下でセコンドがボクサーを励まして力づけるように、編集者が物書きを一番力づけてくれる。

午後九時、この時間帯が暇になる。これは東京でもニューヨークでも同じようである。午後九時は半端な時間帯になる。仕事が終わって帰宅時間は過ぎているし、飲んで帰るには少し早い。数は少ないものの、コンサートなどが引ける時間ではある。この時間帯になると、ミッドタウンの渋滞も解消されているのでミッドタウンに向う。ミッドタウンにはニューヨークの魅力が集中している、と言っても過言ではない。

アメリカがどんなになっても、ブロードウエイのネオンサインが消えることはない。

▼ニューヨークの魅力

ブロードウェイのミュージカル、五番街のショッピング。ミッドタウンはニューヨークの華なのだ。そして、エンパイア・ステート・ビルの展望台からマンハッタンを眺めれば、この街が島であることを実感できる。またミッドタウンは、日本料理の店が多いことでも知られている。買い物をして日本料理を食べたくなったらミッドタウンがいい。タイムズスクエアや五番街ではスリの被害にも遭いやすいので注意を要する。タイムズスクエアには、劇場や映画館、ホテルやレストランが集中しており「世界の十字路」と呼ばれている。

一時は、治安が悪化して活気がなかったときもあったが、ニューアムステルダム劇場のオープンをきっかけに、ミッドタウンは活気を取り戻した。五番街は、ティファニーやブルガリなどの有名ブランドブティックやバーグドーフ・グッドマンなどの高級デパート、ランドマークの高層ビル、教会などが並んでいる。高級感のある街だが、最近は、キャラクターショップやカジュアルなブティックも多くなり、明るくラフな雰囲気もかもし出している。このごろは、高級ブランドの旗艦店が続々とオープンしている。

▼人力車の若者

筆者が五番街をそぞろ歩いていたら、信号で人力車が横に停まった。見ると、一七歳ぐらいの少年である。好奇心が湧いて乗ってみた。泊まっていたヒルトンホテルまで行ってもらうつもりで乗ったが、話を聞いて色々案内してもらうことにした。その少年は白人で、土・日だけバイトで乗っていて家計を助けていると言うではないか……。日本で、こんな少年がいるだろうか、と考えたら観光を頼みたくなったのである。

人力車は自転車にリヤカーをくっつけたようなもので、リヤカーの部分が客席になっていた。ベティキャブとかバイクタクシーとも呼ばれている。ジェフ君といったが、目の綺麗な少年で、マンハッタンの喧騒の中をかいくぐって必死にペダルを漕いで案内してくれた。筆者の頼りない英語でも何とか理解して、必死に説明する姿に心を打たれた。日本で、家族のために土・日アルバイトしている高校生がいるだろうか、と考えたら涙が出そうになった。料金は決まっていなくて交渉で決める。三〇分二五ドルと言っていたが、五〇ドル渡したら、ジェフ君は嬉しそうな顔をして、大事そうにポケットにしまった。

白石が流していると、中年のカップルが早速手を上げた。メーターで二〇ドルぐらいの距離である。このぐらいの距離が一番効率がよい。キャブの仕事はあまり遠くだと、帰りに時間がかかる。二、三〇ドルの距離が一番効率がいい。二、三〇ドルの仕事が何回もあれば最高なのである。これは、東京でもニューヨークでも変わらない。ただし、そろそろ終わりにする時間帯に長距離の仕事があると一番助かる。その分がプラスになるから……。

午後一〇時、そろそろ、飲んで帰るサラリーマンたちが乗る時間帯である。ソーホー、ウエストヴィレッジを円を描くようにして流す。サラリーマンが、ほろ酔い気分で帰るのは東京もニューヨークも変わりがない。東京でもニューヨークでも、サラリーマンは酒を飲んで浮世の憂さを晴らしているのである。つくづく、人間とは悲しい生き物だと思うことがある。

この時間帯は、そんなに長距離はない。でも、回数がこなせれば売上は上がる。極端な話、ワンメーターが次々と続けば最高なのである。東京の例をとると、現在基本料金が七一〇円で、ワンメーターが次々と一〇回続けば七一〇〇円となる。こんなことがもしあったとしたら、こんなにいいことはない。三回ぐらいは、次々とお客が降りたところに次の客がいて、ワンメーターが続くことはある。

午後一一時、この時間帯になると、ダウンタウンのクラブなどから、ブルックリンの自宅へ帰る中距離客が多くなる。ダウンタウン北部のグリニッチ・ヴィレッジはブロードウェイとグリニッチ通りに囲まれたエリアで、ワシントンスクエアがある。グリニッチはロンドン近郊の町、グリニッチにちなんで名づけられた。落ち着けるカフェや、小さめのレストランが点在し、ヴィレッジヴァンガードなどのジャズクラブもあり、夜は、ジャズクラブなどのお客でにぎわう。また、イーストヴィレッジは一九世紀末から移民が住み始め、リトルインディアやリトルウクライナなどの移民街を形成した。

一九六〇年代から、反戦、反体制的な文化の中心地として、ヒッピーやパンクなどで町は活気に満ちていた。ここは、アンダーグラウンド的な雰囲気があり、演劇関係の人間が好んで集まる場所でもある。ロシアやチベット、ウクライナ、イスラエルなどの安いエスニック料理のレストランも多い。インド料理のレストランが並んでいる一角もある。マンハッタンでは二番目に古い、一七九九年に再建された、セント・マークス・イン・ザ・バワリー教会など歴史のある建物も残されている。

▼一一時からが勝負

東京もニューヨークも、タクシーは夜の一一時からが勝負なのである。キャブのドライバーは、一一時を過ぎると顔つきが変わってくる。ここからが勝負という気持ちが顔に表れるのである。これも日本と似ている。東京でも一一時からが稼ぎ時となり、タクシードライバーが勝負の時間となるのである。

サラリーマンが二人乗り、ブッシュウィックに行った。ニューヨークは地下鉄が二四時間走っているので、日本のように終電に乗り遅れたから、東京から鎌倉まで行ってくれなどということはない。その点では、東京のほうがロングの客が多いことになる。

午前一時、この時間を過ぎるとお客はまばらになる。忙しいのは一二時頃過ぎから一時過ぎまでで、一時頃までに良いお客を拾えないと成績は上がらない。この点でも、東京と似ている。東京も、終電の一時までが勝負なのである。ニューヨークでは二時ごろになると、一時間に一人しか拾えないこともある。この日は午前二時過ぎにベイリッチまでのお客を拾えた。

午前四時、ベイリッチから戻ると午前四時を回っていた。マンハッタンへ行くお客は拾わないで、なるべく、フリートへ向うようにミッドタウンを流す。この時間帯はテレビ局などの早朝シフトの人達や、空港へ向うお客を拾える。午前四時四〇分、ガソリンを満タンにしてメーターを外し、トリップ・シートとともにフリートへ車を戻すと仕事はお終いとなる。今日の実績は、回数が三一回、売上が二八〇ドルで、まずまずの成果であった。午後五時から一二時間で、回数が三一回ということは、ワンメーターが多かったことになる。ニューヨークはワンメーターが多いということがわかった。東京・横浜では、午後の五時から一二時間で三一回の回数はほとんどできない。

横浜ではアメリカ人の客も多いが、ホテルから乗っても、チップを払う客は皆無と言ってもいい。日本は、チップのいらない国だということを聞いて知っているのである。一度、横浜のホテルから山手の教会まで、バスケットの有名選手が乗ったことがあるが、やはりお釣りはしっかり受け取って降りた。アメリカ人にしてみれば、チップのいらない日本は素晴らしい国だと思っているかもしれない。ニューヨークでは、一五パーセントのチップを渡すのがしきたりなのである。

▼一人のほうがいい

ニューヨークのキャブ・ドライバーは、完全な一国一城の主である。誰の指図も受けない。日本の個人タクシーよりも自由である。白石も、鳥のように自由な生活にハマって二〇年が過ぎた。結婚するチャンスは何回かあったが、不思議とお互いがうまく噛み合うことがなくて、現在も独身で通している。筆者も現在は一人だが、独身生活が長くなると、女性と一緒にいるのが煩わしくなる。色々と、干渉されるのが煩わしくなるのである。なによりも、結局は自由でいたいのである。

▼釣りは最高

白石の場合は、海に出て釣りをしているときが一番幸せなときなのである。一週間ごとの仕事なので、続けて何日も海に出ることがある。料理では魚が好きで調理師の免許もあるから自分で料理する。釣りは、おかずに不自由することもなく一石二鳥なのである。海に出るからストレスを感じることもない。もっとも、キャブの仕事は楽しんでやっているので、ストレスになることもないのである。

休日には、ジャズのライブを聴きに行ったり、セントラルパークに出かけることも多い。好きなときに本場のジャズを生で聴けるのは、羨ましいかぎりである。ニューヨークでは、本場のジャズをいつでも聴ける。この辺にも、白石がニューヨークから離れられない原因があるような気がする。

▼グラウンド・ゼロ

白石にリクエストして、グラウンド・ゼロに行ってみた。霊感の強い筆者にはいたたまれなかった。三〇〇〇人も亡くなっている場所に長居は出来なかった。白石をせかせて、そそくさとグラウンド・ゼロを後にした。大掛かりな工事をしていて、周りは高い金網で覆われていた。中心部はかなり深く掘っていた。工事の状況を見ると、そうとう高い建物が建つことが見てとれた。それにしても、あのざわざわとした感じは、とてもいたたまれなかった。

テレビで見た、旅客機がビルに突っ込む画面が浮かんできた。あの日はよく晴れた日であった。まるでドラマでも見ているようで、現実感が不思議と少なかった。もっとも、旅客機がビルに突っ込むなどということが現実に起こるとは、誰も考えない。

こういう場所では、霊感が強いのも考え物である。個人的な意見としては、建物を建てるよりも、慰霊塔を立て、霊を供養して記念公園にしたほうが良かったと思う。そのほうがニューヨーク市民のためには良かった。何千人も亡くなった場所に建物を建ててもあまり良いことはないように思えてならない。白石が、近くの教会に連れて行ってくれたので心が安らぎホッとした。

▼奇跡の教会

その教会はセント・ポールズ・チャペル教会といって、一七六六年に出来た古い教会である。9・11のときにほとんど被害を受けなくてすんだので、奇跡の教会として人気を呼び、多くの方が訪れていた。筆者ももちろん礼拝させてもらった。心からすっきりした気持ちになれた。その教会には、瓦礫もほとんど飛んでこなくて、ガラスも割れたりしなかったという。同じ近くのビルは瓦礫が飛んできたり、ガラスが割れたりしている。不思議なこともあるものだ、ということを実感させられた。

9・11の日、白石はファッションショーの写真の仕事をしていた。一報を聞き、仕事が終わり次第現場に駆けつけて写真を撮ろうとしたが、すでに交通規制が敷かれていて、現場に近寄ることが出来なかった。テロの後、数日間はマンハッタンに通じるトンネルやブリッジは閉鎖され、仕事を休む人も多かった。閉鎖が解かれたのは数日後であった。

▼マンハッタンが機能不全に

特に、マンハッタン南部のビジネス街が機能不全となり、観光やホテル業界は壊滅的な打撃を受けた。9・11から一二月までの第四四半期に一二万五〇〇〇人が職を失った。ドライバーの収入は9・11のテロ以降、一時は七五パーセントも落ちて、一〇月、一一月も三五パーセント売上が落ちた。売上が回復するまでキャブ・ドライバーは大変な苦労を強いられたのである。しかし、市のほうからの支援はなかった。何故ならばリムジン会社と違い、イエロー・キャブはロウアー・マンハッタンのビジネス街に収入を依存していると見なされないためである。ドライバーたちは、会社の従業員ではなく、独立した個人の契約者であるために、失業保険の対象にならなかった。

リムジン・ドライバーは各団体から支援を得られたが、キャブ・ドライバーたちには支援はなかった。東京もニューヨークも、役所の頭の固さには変わりがなかったのである。その頃、キャブ・ドライバーの業界から二〇〇〇人のドライバーが去った。そして、ガレージには乗り手のないキャブが溢れた。

▼キャブ・ドライバーも苦境に

辞めずに頑張ったドライバーも、出身国によっては大変な苦労があった。お客がドライバーに「お前はどこの出身だ、ムスリムだろう」などと難癖をつけることが多くなった。「ムスリムのテロ野郎」などと罵倒されることもあった。「アラブへ帰れ」とも言われた。アラブ出身のドライバーたちは、ただひたすらに、耐えるしかなかった。実際に仕事中に殴られたドライバーもいた。あの頃は、妻と子供を養い、必死で働いているキャブ・ドライバーたちが辛い思いをしたのである。この話を聞いて、日本のドライバーは平和ボケしていると思った。テロもない、デモもない。日本人は、サラリーマンも生きているのか死んでいるのか分からない男が少なくない。日本の現状を考えると、つくづく平和ボケしていると思うことがある。

▼飼いならされた羊はいやだ

白石が日本を離れてアメリカに来た一番の理由は、飼いならされた羊になりたくなかったからである。大人しく、飼いならされた羊がぴったりの日本人を見ていると、腹立たしくなるばかりであった。悪の政治家たちが好き放題やっても、デモが起きるわけでもない。テロが起きるわけでもない。つくづく日本人の生き方に疑問を感じていた。日本人は、太った羊なのである。「狼生きろ豚は死ね」ではないが、白石は、羊として生きることを嫌い、ライオンを目指したのである。そして現在は、ニューヨークという大都会のジャングルを、餌（お客）を求めて走り回るライオンなのである。

ヘミングウェイがいうライオンとは少し違うものの、形を変えたライオンの生きかたも悪くはない。ライオンと言うよりも、一匹狼と言うほうが正しいかもしれない。筆者も、太った豚になるよりも、痩せた一匹狼をめざして生きてきた。今では、自他共に認める一匹狼である。一匹狼だから、パチンコ業界批判の本を書けたのである。このテーマは、一匹狼でなくては書けないテーマであった。

慣れると、一匹狼のほうが心地よくなる。自分に正直に生きることができる。周りを気にしなくなる。常に前しか見なくなるのである。白石のニューヨークでの生活は、常に緊張感がある。白石に言わせれば、日本での生活は、ニューヨークと比べたら、まるでぬるま湯に浸かっている様なものである。

▼キャブはたまにしか洗わない

日本のタクシードライバーは、仕事が終われば必ず丁寧に洗車することになるが、ニューヨークでは、よほど汚れていない限り、毎日洗うことはない。日本の場合、二人で一車を受け持ち、次の担当がすぐに仕事に出るので綺麗に洗車する。筆者も経験があるが、冬の寒いときの洗車は辛いものである。慣れてくると、東京・横浜ではガソリンスタンドに寄って洗車してもらうようになる。しかし、地方になるとそうはいかない。ほとんど自分で洗う。洗車はタイヤまでタワシでこすって綺麗にする。窓も最初濡れたタオルで拭いてから、さらに乾いたタオルで拭いてピカピカにして、次に乗るドライバーに引き継ぐのである。タクシーの洗車にも、日本人の几帳面なところが表れている。キャブのエンジンルームを開けてみたら埃だらけであった。日本では、エンジンルームも綺麗に磨いているタクシーが少なくない。要するに、ニューヨーカーは大らかなのである。些細なことにこだわらない。

▼お互いにハッピーならば

お互いにハッピーならばそれでいいではないか、これがニューヨーカーなのである。確かに日本人は、些細なことにこだわりすぎる面がある。しかし、車を綺麗にすることは、ニューヨーカーも日本人を見習ったほうがいいと思う。

白石は、緊張感のある一日が終わると、朝帰ってシャワーを浴びて昼過ぎまで眠り、しっかり休養を取る。タクシードライバーの大事な点は、しっかりと休養を取ることである。休養を取らないと病魔に冒されることが少なくない。

一週間ごとの仕事なので、天気のよい日は海に出るのが白石のライフスタイルなのだ。誰の束縛も受けず、誰の干渉も受けず、鳥のように自由な毎日を送っている。カメラマンの仕事も、自分から売り込むことはしない。依頼があれば受けるだけである。イベントプロデューサーの仕事もしかり、自分から宣伝はしない。口コミで依頼があるだけである。あまり忙しくなると、海に出られなくなるからと、白石は平然としていた。白石のライフスタイルを見ていると羨ましくなった。

▼運の強い白石

白石が筆者に言うには、「僕は運が強い男なんです。たまに信じられないことが起きる」と言う。確かに、ハリウッドのスターが、それも同じスターが三度もお客になるとは、確率から言ったらかなり低い確率をクリアしていることになる。

海に釣りに行って、急に天候が変わり、大シケに遭っても遭難せずに済んでいるという。強運の点でも、筆者と似ていることにビックリした。筆者も、山岳ラリーでクラッシュして、車は見る影もなく壊れ、ハンドルが運転席のシートにくっついていたのに、不思議と肋骨の骨折と、顔面の裂傷だけで助かったことがある。車だけ見た人たちは、これは間違いなく死んだだろうと声を揃えて言ったらしい。今まで怪我は数多く経験しているが、病気は一度もない点でも白石と同じであった。白石も病気は一度もしていない。

白石も、物事をポジティブに考えるほうである。だから強運なのかもしれない。白石とグラウンド・ゼロに行った帰りは道路が混んだ。たまたま、その日はアメリカの独立記念日で、色々行事が多かったし、もちろん祝日であった。夜には花火が上がった。独立記念日に偶然渡米したことになる。そのせいか、筆者が泊まったヒルトン・ニューヨークも、多くのお客で混んでいた。

▼ハドソン川

白石と、ハドソン川のほとりに行ったら、高速観光船がすごいスピードで走っていたのには驚いた。その近くでは、平気でジェットスキーを楽しむ人もいた。よく事故にならないものだと心配になったが、意外と事故は起きないものらしい。日本のようにあまり神経質になると、事故を招くものなのかもしれない。

白石の契約しているフリートも訪れて、写真を撮らせてもらったが、祝日ということで休車が結構多かった。フリートでは、キャブをリースしているだけだから、ドライバーが休んでも文句は言えない。ドライバーは社員ではないのだ。

▼休車の多い日本

日本では、祝日でなくてもドライバー不足で休車が多い。会社によっては、何十台も休車が並ぶところもある。ドライバー不足は深刻である。デタラメな規制緩和で、タクシーが増えすぎ、仕事が減ったこともあって、新人が入ってもすぐ辞めていくケースが少なくない。諸悪の根源は、デタラメな規制緩和にあると、業界の意見は一致している。白石も一一月、何年ぶりかで日本に一時帰国して、タクシーが多いのには驚いていた。

グラウンド・ゼロの帰り、ヒルトンまで白石と一緒にタクシーで帰った。グラウンド・ゼロはマンハッタンの南端にあるので、道路が混んでいたこともあるが、五〇ドルぐらい料金が出た。ドライバーは嬉しそうであったが、白石に聞くと、マンハッタンは近距離が多く、五〇ドルのお客はありがたいほうだという。白石の一日のお客の乗車回数を見ても、三〇回を超えることが少なくない。一二時間の乗務で三〇回ということは、いかにワンメーターが多いかということになるが、ニューヨークは全体の台数が少ないので、それだけ仕事も多いということになる。日本と比べたら、そんなに苦労しなくても売上は確保できている。イエロー・キャブ・ドライバーは、そんなにあくせくしなくても稼いでいるのである。

▼9・11の後

9・11の日は、ニュースを見た日本の両親や友人たちから携帯にたくさん電話がかかってきたという。それにしても、便利な世の中になったものである。ニューヨークと気軽に電話のやり取りが出来て、通話料金も思ったより高くない。ご両親にしてみれば、心配でたまらなかったと思う。いつも、マンハッタンで仕事をしていることは知っているし、日本のテレビも、リアルタイムで事件を報道していた。

白石も、ニューヨークでは何があっても驚かないが、さすがにトレード・センターに飛行機が突っ込んだのには肝を冷やしたという。なにしろ、トレード・センターは普段お客を乗せてよく行く場所だから……。

9・11の後、シーク教徒たちは報復の標的にされて酷い目に遭っている。アリゾナ州のメサで、五二歳のシーク教徒が自称愛国者によって射殺された。白石の同僚も、乗っている車を壊されたりした。中東と南アジア出身者に対する言葉の暴力は酷いものだったらしい。

10章　白石の愉快な仲間たち

▼三度目の離婚

トニーは女性に大変もてる。古き良き時代のスター、トニー・カーティスに良く似た男で、皆が羨ましがるほど女性にもてる。今まで三度離婚して、間もなく四度目の結婚になりそうな状況なのだ。彼がもてるのは、顔だけではなくて女性に非常に優しいのがその原因なのである。

古今東西、女性は優しい男に弱い。そして、トニーはとにかく女性に対してマメである。女性にもてる条件は、マメで優しいことなのだ。女性はマメで優しい男に弱い。彼がキャブ・ドライバーをやる理由が振るっている。女性をウォッチできるからなのである。確かに、キャブのドライバーならば女性をウォッチできる。とびっきりの美人から、救いようのないブスまでお客は千差万別である。キャブ・ドライバーは、女性を好き嫌いにかかわらず、じっくりと観察できる。女性が嫌いな男はいないが、トニーの場合は病気と言ってもいいぐらい女性にマメなのである。

▼女性のほうが夢中になる

最初の結婚も、むしろ相手のサリーのほうが積極的であった。あるとき、松葉杖をついた女性が手を上げた。テニスで足の靭帯を切った女性であった。自宅に着いたら、なんとトニーは自宅の玄関までおんぶしてあげたのである。これには、お客の女性も感激した。顔を見るとトニー・カーティスにソックリである。明日も病院へ行くから迎えに来てくれ、とトニーに頼んだ。結局彼女の足の怪我が完治するまで、トニーは病院の送り迎えを引き受けたのである。自宅からキャブに乗るときも、車までおんぶしてくれた。これには家族も感心してしまった。その時、彼女は二五歳でトニーが三〇歳だった。

彼女は育ちのよさを感じさせる、可愛らしいという表現がピッタリの女性であった。彼女の自宅は立派な邸宅で、びっくりするような大きな家であった。庭は広々として、青い芝生がまぶしかった。彼女の父親は、ＩＴ関連の会社を手広く経営していて、裕福な家庭で何ひとつ不自由なく育っていた。トニーは家が立派だからと言って、別に気にするタイプではない。トニーにとっては、お金よりも自由に生きるほうが大事なのである。トニーは母と二人の生活ながら、父が残したローンの無い自宅に住んでいて、別にお金に不自由しているわけでもない。鳥のように自由なキャブ・ドライバーが気に入っているのである。車が好きなこともあり、自由で、車を思いっきり走らせていられればご機嫌なのである。

自由と孤独を愛する者同士が、強い絆で結ばれている。

▼ニューヨーカーは本人しだい

トニーの場合は、彼の優しさにほだされて、むしろ女性のほうが積極的になるケースがほとんどなのだ。ニューヨーカーは日本と違い、職業を気にしたり、勤めている会社を重視したりすることはあまりない。本人同士がよければOKで、職業を見るよりも人間を見るのである。この点は、日本人も大いに学ぶべきだと思う。日本人は、人間を見ないで職業とか、勤めている会社を先に見る。離婚率が高いのはこの辺にも原因があると思う。長年連れ添うのに、勤め先を先に見ても始まらない。日本人も、先に職業とか勤務先を重視する習慣は改めたほうがいい。

それから半年後、二人は結婚した。最初の一年は何事もなく幸せであった。しかし、一年が過ぎた頃、彼女との出会いと全く同じようなことが起きてしまった。

▼同じことが起きてしまった

街角で女性が手を上げた。足を怪我していて病院の帰りであった。そして、トニーはまた彼女を自宅まで送り届けて、部屋までおんぶしてあげたのである。サリーの時と全く同じことが起きたのである。新しい女性も、トニーの優しさとマナーのよさに参ってしまった。元ホテルマンだからマナーがいいのは当然なのである。サリーのときと同じく、病院の送り迎えを引き受けることになった。

ふとしたきっかけで、奥さんが新しい彼女からのメールを見てしまったからたまらない。「あんたは私にしたことと同じことをしているの」と怒り狂った。トニーにしてみれば、ごく自然に出た行動なのである。女性に優しくするのは、トニーの習性だから仕方がない面もあった。それにしても、全く同じことが起きていたとは……。結局、トニーにとっては別れるしか解決の方法はなかった。サリーとは別れ、新しい女性と結婚したのである。サリーは金持ちの娘なので、慰謝料の請求は無かった。

▼悲しんでくれる相手が必要

トニーが次々と結婚を繰り返す理由が振るっている。「キャブの仕事はいつ事故に遭うかもしれないので、そのときに母親以外にも悲しんでくれる女性がいなければ寂しいから」、という理由であった。確かに、キャブ・ドライバーの仕事は、ニューヨークでは警察官の仕事よりも危険だと言われている。キャブの仕事はいつどんなことがあるか分からない。ニューヨークでは、いつ拳銃を突きつけられるか、いつナイフを突きつけられるか分からないのである。だから、トニーの言うことも一理ある。

トニーは、キャブに乗る前はホテルマンの仕事をしていて、ベルボーイをしていた。あるとき、お客さんの女性に誘われて、部屋で一戦を交えてしまった。相手は、五〇近い未亡人で、そのホテルを何回か利用して会話を交わしていた。何泊でもするからあんたの仕事が終わってから部屋に来ないかと誘われた。サービス精神旺盛なトニーは、午後の一一時に仕事が終わると、部屋を訪ねたのである。

お客は来てくれたお礼だと言って、トニーに五〇〇ドル渡そうとした。トニーは断ったが、一〇〇ドル札を五枚強引にポケットにねじ込まれた。あまり美人ではないものの、どちらかと言えば愛嬌のある顔をしていた。トニーはシャワーを勧められて、シャワーを浴びると、すでに彼女はベッドに入っていた。男に接するのは一〇年ぶりと言いながら、トニーにむしゃぶりついてきた。彼女があまり激しいので、トニーはうっかり朝まで熟睡してしまったのである。次の日の朝、部屋から出るところをたまたまマネージャーに見られてしまった。どんなホテルでも、お客様との不倫はご法度と決まっている。これは日本でも変わりがない。お客様との不倫はホテルマンにはタブーなのだ。

▼友人のホテルマン

筆者の友人で、横浜のホテルで三〇年ドアマンを続けている有名な男がいる。彼は、週刊誌で紹介されたこともあり、筆者のホームページでも日本一のドアマンとして紹介している。彼は、ホテルマンとして誇りを持っている。日本でホテルは数多いが、お客様から名前で呼ばれるドアマンはほとんどいない。彼の場合は、田中さん、と名前で呼ばれるのである。そして彼は、リピーターのお客様の名前を見事に覚えている。一〇〇〇人以上のリピーターの名前を覚えているのである。横浜では一流のホテルに勤めているが、一流ホテルのドアマンから名前で呼ばれれば、お客様も悪い気がしない。

彼もやはり、何度かお客に誘われたことがあるらしい。しかし、一度も応じたことは無いと断言した。ホテルマンが好きでやっているから、タブーを破って首になりたくない、と筆者には笑って答えた。いつも考えるが、ホテルマンで一流の男は、何をやらせても通用するような気がする。何よりも、マナーが身についているからである。ホテルマンは嫌でもマナーが身につく。

▼イエロー・キャブにハマった

トニーは、結局ホテルを首になり、とりあえず次の仕事が見つかるまで、一時避難するつもりでキャブのドライバーを選んだ。それが、続けているうちに、鳥のように自由な毎日がすっかり気に入ってしまった。好きな車を思いっきり走らせて、女性をウォッチできる。トニーはキャブの仕事は天職だと思った。キャブのドライバーをやっても、ごく自然にホテルマンのマナーの良さがでていた。長年身についたものは自然に出るものである。人の人生を他人がとやかく言う必要は無い。キャブの仕事は、本人が好きで続けている仕事なのだ。トニーは今日も、イエロー・キャブで颯爽とニューヨークの街を流している。

▼白石のフリートに女性が三人

白石がキャブを借りるフリート（キャブの管理会社）には、女性ドライバーが三人いる。キャブ・ドライバーは男でも危険な仕事なのに、彼女たちは平気で働いている。三人とも子供がいる。子供の存在が、彼女たちの背中を押しているのである。離婚したシングルマザーや夫が病気でお金がかかるとか、それぞれ事情をかかえている。しかし彼女たちには暗さがない。これが、ニューヨーカーのいいところである。貧しくてもひたむきに、前向きに生きるのがニューヨーカーなのである。

スーザンにも男の子が二人いる。スーザンは、アフリカ系の黒人で、利発な明るい顔をしていて、良い印象をもたせてくれる。彼女の必死の働きにより、五歳と七歳の子供たちはよく食べて元気に育っている。彼女は、ハーレムの「プロジェクト」に住んでいる。プロジェクトとは、低所得者用の集合住宅である。世帯収入の三〇パーセントを超える家賃分を国が負担するシステムで、低所得世帯と六二歳以上の居住者のいる高齢者世帯と障害者世帯である。スーザンは月三〇〇ドルの家賃を払っている。ニューヨークには、このようなプロジェクトが三四五ヶ所あり、現在は、一七万五〇〇〇家族、四二万人が暮らしている。八〇〇万人のニューヨークの人口のうち、一九人に一人がプロジェクト暮らしということになる。その多くは、アフリカ系のアメリカ人と、ヒスパニック系ということである。

▼朝五時から午後の五時まで

アメリカでは、貧困ライン以下の家庭にはフードスタンプが支給される。たとえばハリケーンで被害が大きかったルイジアナ州では、住民の二人に一人がフードスタンプの受給者となっている。フードスタンプの支給額は、無収入の四人家族で月額五一八ドル。一回の食事につき一人一ドル四〇セントだ。貧困家族は、フードスタンプを握りしめて、スーパーマーケットに食料の買い出しに行くのである。

スーザンは、朝四時に起きて仕事に出かける。フリートまで地下鉄に乗って来る。ニューヨークは地下鉄が二四時間走っているから、朝早く仕事に出るのにも不自由がない。朝の五時までにフリートに来て、夕方の五時まで仕事をする。女性にはかなり厳しい仕事だが、収入面では、スーパーのレジをやるよりは良いから、キャブ・ドライバーが気に入っているのである。

▼タクシー強盗に遭う

しかし彼女も、五年間で一度タクシー強盗に遭っている。人通りの少ない通りに停められ、首にナイフを突きつけられて売上を奪われたことがある。お金をやり取りする小窓を空けたとたんに、首筋にナイフを突きつけられた。午後の三時頃で、二〇〇ドル持っていたのをすべて巻き上げられたのである。相手は黒人で、同じ黒人なのに酷いと一時は落ち込んだ。でも、キャブ・ドライバーを辞めたいと思ったことはない。仕事に出れば鳥のように自由で、買い物をしたり、自宅に帰ることも自由である。日本の法人タクシーのドライバーと違い誰の束縛も受けない。キャブは、リースで借りているから……。

筆者が取材した東京の女性ドライバーも、仕事中に自宅へ帰ることがあるといっていたが、洗濯物を取り込んだり、女性は何かと用事もあるので仕方がないのである。子育てもやりながら、キャブのドライバーをやることは大変なことだと思う。

▼自家用車の代わりにもなる

仕事中に子供を病院へ連れて行ったこともある。自家用の車が無いので、こういう時は自家用車代わりになる。子供が休みのときには、キャブに乗せてセントラルパークへ連れて行くこともある。キャブは、自家用車代わりにもなっているのである。彼女は、服装も髪型も、男のようにしている。一見すると男に見えるようにしているのである。それでも話し声で女性と分かることが多い。しかし、女性で得をすることもある。何といっても、チップは男性よりも多くなるのだ。チップが男性ドライバーよりも多くなるのは、東京の女性ドライバーも同じであった。

売上は、一日二〇〇～三〇〇ドルになるので、子供二人には辛い思いをさせなくてすんでいる。フリートに一日一〇〇ドルリース料を払っても、月二〇〇〇ドル以上になるので助かる。次男は、自分も大きくなったらキャブ・ドライバーをやりたいと言うが、彼女は勧めない。次男のほうが、マンハッタンを颯爽と走るお母さんを見て憧れたのである。彼女は、出来れば弁護士になって欲しいと考えている。そのためには学費もかかるので、チップが多く入ったときなど少しずつ預金している。日本も、アメリカと同じで教育格差が広がっている。お金の無い家庭の子供は大学にも進めない現実がある。教育に関することでも、日本はアメリカの真似をしたツケが現れている。

▼離婚の理由はDV

スーザンは、何とか頑張って二人とも大学に入れてやりたいと考えている。二人とも、勉強ができる子である。スーザンが離婚した理由は、夫のDV（ドメスティック・バイオレンス）であった。酒を飲むと暴力を振るった。飲まないときは良い夫で、仕事も真面目であったが、酒を飲むと人が変わる性格は直らなかった。子供たちも、スーザンに味方したのである。命の危険まで感じるようになり、ついには離婚を決意した。白石は、離婚の事情を聞いてから、何かと相談に乗ってやるようにしている。子供たちが二人とも可愛いので、つい同情したくなるのである。

車が故障したりしたときも、すぐに行ってやるようにしている。特に女性はメカに弱いので、仕事中に故障したり事故に遭ったりしたときに困る。酔っ払いに絡まれたりしたときでも、白石はすぐに駆けつけて助けてやっている。彼女は「日本人は神様だ」と言う。誰でも、困ったときに助けてくれる人は神様に見えるものだ。

▼仕事では男性に負けない

筆者も、白石と長時間付き合ってみて、人間性の良さを感じている。知性と良識を備えている。人に対する思いやりを持っている。だから友人も多い。釣りの友人や、写真の付き合いの友人も多い。スーザンも白石を頼りにしている。スーザンは、仕事に出れば男性に負けないほど仕事をする。キャブ・ドライバーは、年齢も性別も関係ない。本人がいかに頭を使って仕事をするか、いかにツキを呼び込む努力をするかなのである。新人の頃は不思議と売上がよいものだ。筆者の考えでは、新人は、ツキを使っていないから不思議と良い仕事にありつけるのである。

彼女の場合も、一番困るのはトイレだという。ニューヨークは公衆トイレが少ない。公衆トイレが少ないのは、どうやら防犯にも関係があるらしい。トイレが少ないと特に女性は困る。彼女もスーパーに入ったり、ガソリンスタンドを使わせてもらうようにしている。お客として好きなのは、やはりブルーカラーの人達だ。日本も同じだが、ブルーカラーの人のほうが思いやりがある。これは多分、各国共通のような気がしてならない。

▼キャブ・ドライバーは勉強の場

なかには、自分が男だったら殴ってやりたい、と思うような客もいる。しかし、キャブ・ドライバーの仕事は一期一会で、そこにはドラマがある。考えてみれば、こんなに面白い仕事もない。彼女は、キャブ・ドライバーの仕事をしてから、色々なお客から多くのことを学んだ。本も読むようになった。知ることの楽しみを覚えたのである。たしかに、キャブ・ドライバーはお客と話しながら、多くの知識を得ることができるのである。

長男は、野球選手になりたいと言っている。学校ではピッチャーで活躍しているから、野球選手になってお母さんに楽をさせてやりたいと、口癖のように言う。筆者もニューヨークの子供たちを見ていると、日本の子供たちよりも不思議と子供らしさを感じた。これは何からきているのかと疑問を持った。なぜか日本の子供たちは、こまっしゃくれた子供が多い。子供らしさがないのである。

マンハッタンの公園では、どこの公園でも、子供たちがキャッチボールをしたり、サッカーボールを蹴ったりして遊んでいた。日本の公園では、キャッチボールが禁止、サッカーも禁止の公園がほとんどである。子供たちが公園でも自由に遊べない。なんとも不幸な国である。日本人はなぜか、アメリカの良いところは真似しないで、悪い部分を真似したがる習性を持っている。日本の公園でも、子供たちが自由にキャッチボールをしたりサッカーをしたりして遊べるようにするべきである。子供は子供らしく、伸び伸びと育たなくてはいけないと思う。

▼素直に育つ子供たち

午後五時に仕事を終えると、地下鉄で帰って、すぐに夕飯の支度をする。材料は仕事中に買っておくからわざわざ買いに行くこともない。子供たちは食べ盛りだから、腹いっぱい栄養のあるものを食べさせるようにしている。子供たちには常に愛情を注いでいるから、真っ直ぐに素直に育っている。親の愛情が薄い家庭は、子供が問題を起こすことが多い。貧しさとかよりも、親の愛情で子供が素直に育つのである。自分でも、体力の要る仕事なので、栄養のある食事を心がけているのである。

ニューヨークでは、警察官よりも危険な仕事とも言われるキャブ・ドライバーだが、スーザンはビクビクしてはいけないことを知っている。不思議なもので、ビクビクしていると、事件に遭うものだ。常に前向きに、堂々と振舞うことを心がけているのである。これは、仕事を通じて学んだことで、自然と身についた。常に明るい心で過ごすように心がけている。これはいいことである。明るい心でいるといいことが訪れ、暗い心でいると、キャブの仕事は事故に遭ったりする確率が高くなる。

東京でも女性ドライバーが走っているが、危険度はニューヨークの比ではない。ニューヨークではドライバーが、一年間で一〇人以上殺されることもある。しかし、彼女は明るく毎日を過ごしている。子供が一人は野球選手になり、一人は弁護士になるのを夢見て、今日も彼女は、子供のためマンハッタンをひた走っている。

▼好きな国と嫌いな国

白石に、好きな国を聞いてみたら、やはりトップはアメリカで、嫌いな国はイスラエル、フランス、スペインという答えが帰ってきた。嫌いな国の人間は、例外なしにケチだと言うことと、人間が冷たいと言うことである。キャブ・ドライバーの見る目は確かなのである。なぜかといえば、仕事に出れば、多くの人に接して、人を見る目が備わっているからである。嫌でも、人を見る目は確かになるのが、キャブ・ドライバーなのである。お客として見た場合、日本人は好きでも嫌いでもないと言う。要するに日本人は存在感がないのである。海外に出ても、羊のように大人しい習性が身についているのが日本人なのである。

▼ライフスタイルに余裕を

最近の日本は、アメリカよりも銭がすべての国になった。白石は言う。日本人も、もう少しライフスタイルに余裕を持って生きて欲しいと……。少なくともニューヨーカーは、お金を持っている人も、お金の無い人も、ライフスタイルは人間らしい心を失っていない。休日になると、セントラルパークで日光浴をすることにはお金がかからない。寝そべって本を読んだり、ゆったりとした時間をすごすことができる。ニューヨークには、セントラルパークのようにお金のかからない施設が多くある。日本では、どこへ行くにも、カネ、カネ、カネである。都心の日比谷公園に行っても、ゆっくりくつろげる環境ではない。商業施設ばかりが目に付く。結局、吸い込まれるように商業施設に入り、くつろぐどころか散財することになる。

日比谷公園にしても、商業施設は排除して、ニューヨークのセントラルパークのように、都民がゆっくりくつろげるように改造するべきである。形だけの公園は要らない。日本では、形だけの公園が多すぎる。庶民のためと言うよりも、体裁だけを整える施設をお役人が作る。作られたものを見ると、本当に庶民のことを考えているとはとても思えない。猫の額ほどの面積の公園に、ブランコと長いすを置くパターンはどこも変わりがない。これで、くつろいでくれと言うほうがどうかしている。東京にも、セントラルパークの「シープメドウ」のように、広々とした芝生で日光浴をしたり読書をしたりして寛げる公園が欲しい。公園ひとつ取ってみても、日本は見てくれだけの、形だけの姿が見えてくる。

最近の日本人が失ったものを、ニューヨークで暮らす白石が持っていたのである。日本に住んでいる日本人よりも、日本人の心を持った男がニューヨークで活躍していたことに感銘を受けた。

▼日本に戻る気はない

白石は、もちろん日本に戻る気はない。ニューヨークに骨をうずめるつもりでいる。緊張感のない、弛緩した日本に戻ったら多分病気になるだろう、と白石は言う。病は気からというが、気持ちが弛むと人間病気になる。個人的には、日本に寝たきりの老人が多くなったのは、弛緩した社会が原因ではないかと思っている。防衛はアメリカに任せ平和を謳歌しているが、内心はこれでいいのか、といつもビクビクしているのが日本人なのである。親殺し、子殺しは珍しくなくなり、最近は孫殺しや、祖父母殺しまで増えてきている。サブプライムローン問題から、アメリカもデタラメな国であることがばれたが、親殺しや子殺しはほとんどない。アメリカも、そこまでは堕ちてはいない。白石は、ニューヨークの生活を続けていて、人間には適度の緊張感が必要なのを実感している。マンハッタンをひた走り、多くの国の人達と接し、鳥のように自由なキャブ・ドライバーを好んでいるのである。

11章　日本のタクシー事情

▼日本で最初のタクシーは

日本で最初にタクシーが走ったのは一九一二年八月五日。日本では現在、最初にタクシーが走った日にちなんで、八月五日がタクシーの日となっている。現在の有楽町マリオンの場所に、日本初のタクシー会社「タクシー自動車株式会社」が設立され、T型フォード六台を使って営業を開始した。当時のタクシー料金は初乗り一・六キロメートルで六〇銭。盛りそばが三銭、理髪料が一〇銭という時代だから、タクシーはとても高価な乗り物であった。車もあまり走っていなくて、免許を持っている人も少ない時代だから、タクシードライバーは高給取りの花形であった。さしずめ現代では、飛行機のパイロットというところだろうか……。

花街でも、タクシードライバーは金離れが良いから大変もてたらしい。その後、市内を流すタクシーに、「円タク」が登場する。「円タク」とは、東京市内は（当時は未だ都になっていない）一円均一ということから、「円タク」になった。戦時中燃料不足から、木炭車も走ったのを知る人は少なくなっている。現在では想像もつかないが、実際に木炭を炊きながら車が走ったのである。「代燃タクシー」と呼ばれた。日本で個人タクシーが最初に認可されたのは、昭和三四年一二月、一七三台が認可されたのが最初である。

▼東京オリンピックの頃

昭和三九年、東京オリンピックの頃は初乗り二キロメートルが一〇〇円。昭和四九年が二八〇円。この年、競馬でハイセイコーが一〇連勝した。ハイセイコーの歌まで出て、レコードも発売されて国民的な人気であった。そして、石油ショックでスーパーに買いだめ客が殺到した年である。昭和五九年が二キロメートル四七〇円。この年は、江崎グリコ事件発生。平成五年が二キロメートル六〇〇円。この年は、細川内閣が誕生し、アメリカではクリントンが大統領に就任した。

細川内閣が誕生したときは、日本国民も大いに期待したものだ。とにかく新鮮な感じがした。国民に希望を持たせる何かがあった。総理がテーブルを前に、立ったままで記者会見をする、今のスタイルを最初に取り入れたのが細川内閣であった。質問の記者を指名するときに、手に持ったボールペンを向けて指名する姿が、実に格好良かったし決まっていた。首脳会議で海外に行って、首に長いマフラーを巻いて外国の首脳と歩く姿も様になっていた。

▼なぜ黒のタクシーを

最近日本では、黒のタクシーが増えている。特に東京都内で、黒のタクシーを多く見かけるようになった。ハイヤーがあるのに何で黒のタクシーが増えたか？　最近のサラリーマンたちは、下らないことに見栄を張るようになり、そして、小役人たちも黒のタクシーを好むようになったからである。役所のチケットで乗る役人や、会社の経費で乗るサラリーマンが、何も格好つけて黒のタクシーを好む必要はないと思うが……。

日本のサラリーマンが、何で黒のタクシーを好むようになったのか？　筆者には理解不能である。見栄を張りたいならハイヤーに乗ればいい。そのかわり、タクシーの三倍の料金を払うことになる。もちろん、短距離のスポットの仕事はお断りである。

筆者も東京都内でハイヤードライバーを経験したことがある。タクシードライバーが野生のライオンとするならば、ハイヤーは檻の中のライオンである。常に束縛されている。筆者の性格からしてとても我慢できなくて、半年でハイヤーはやめにした。

笑える体験もした。ハイヤーの場合、ゴルフの仕事だと早朝の五時頃出庫することもある。その場合、前日の夜から仮眠室で寝ることになるが、「起こし屋さん」がいて、事前に「起こし屋さん」に出庫時間を紙に書いて渡しておくと、間違いなく起こしてくれる。大勢が広い部屋で仮眠しているので、目覚ましを鳴らすわけにはいかないのである。都内では、トップクラスのハイヤー会社だったが、仮眠室は飯場同然、五〇畳ぐらいの部屋にせんべい布団が敷かれていた。

▼バブルの頃にハイヤードライバーを

筆者がハイヤードライバーを経験したのはバブル真っ盛りの頃で、ハイヤーは需要が多く引っ張りだこであった。年収が一〇〇〇万円のハイヤードライバーも存在した。もっとも、滅茶苦茶忙しい仕事ぶりであった。忙しい会社へ専属で行き、ほとんど休みなく働いたらしい。バブルの頃は、どこのハイヤー会社も増車を希望していた。当時は運輸省だったが、ハイヤー会社は一台でも多く増車したくて、運輸省の官僚の接待に励んだものである。

バブルの頃は、料金はいくらでもいいからハイヤーを回してくれという会社が多かった。予約に応じ切れなかったのである。だから、あまり使わなくてもハイヤーを確保しておくために、ハイヤー会社と契約する会社もあった。朝八時半、契約会社に行って、五時の退社時間まで一度も仕事がなくて、そのまま帰ったことも何回か経験がある。それでも契約会社では、お得意様の接待などのときのため、ハイヤーを確保しておく必要があり契約していたのである。なにしろ、銀行でもハイヤーで乗り付ければ、お客を見る目が違ったと言われた時代である。ハイヤーは、企業のステータスでもあった。確かに、黒のハイヤーで、運転手からドアサービスを受けて降りるのは気分がいいに決まっている。経営者ならば、一度は黒塗りのハイヤーで銀行に乗り付けてみたい夢を持っているのである。

▼新聞社の仕事も

ドアサービスといえば、新聞社に派遣されたこともあるが、行く前に課長から、新聞社はドアサービス（ドライバーがうやうやしくドアを開け閉めする）はいらないからと言われた。急ぎの場合が多いので、ドアサービスなどというまどろっこしいことは、していられないということなのだ。それと、ドアサービスをさせてふんぞり返るほど、マスコミの人間はアホではなかった、ということも言える。最近のことはよく分からないが、当時新聞社では、取材などでよくハイヤーを利用したものだ。体験から言わせてもらえば、どちらかと言えば、スポーツ新聞の記者のほうが気さくで仕事がしやすかった。

▼官僚の接待

ゴルフの接待で、官僚を自宅に迎えに行くこともあった。防衛省の高級官僚が、ゴルフの接待漬けにあって事件になった。バブルの頃は特に、官僚の接待は盛んであった。ドライバーは、自宅の地図は前もって渡される。官僚たちは、接待される立場なのに、接待されてやるという態度を取る男が多かった。接待を受けてやるという感覚なのである。接待を受けてやるから有り難く思え。これが日本の官僚の姿なのである。直接その姿を見ると、この国は、江戸時代から変わっていないような気がしたものだ。今振り返ると、バブルの頃の日本は狂っていた。ハイヤーの会社に直接来て、料金はいくらでも払うから、車を出してくれというお客も珍しくなかった。

▼外務省へ派遣

ハイヤー会社に入社して講習を受け、営業所に配属になって一週間しか経たないとき、たまたま、韓国の盧泰愚大統領が来日することになった。なんと新人の筆者が外務省に配属されたのにはビックリした。貴方は経歴を見ると、社長も経験しているから適任だ、と課長に言われたが、こちらにしてみればビクビクものであった。土曜日で休みの日であったが、関係官庁の外務省は休まずに働いていた。確かに、下のほうの役人はよく働く。上に上がるにつれて悪くなるのはなぜなのか、これが不思議でならない。韓国の大統領来日はインパクトがあった。東京都内では、宅急便の車も停められて荷物をチェックされるほど、警備には力を入れていた。外務省では、広報部に配属された。迎賓館に行ったり、首相官邸に行ったり、結構忙しく動いた。でも、普段入れない迎賓館の邸内や、首相官邸の中庭に入れただけでも、良い経験になった。ハイヤードライバーの待機所は、迎賓館の中に設けられた。かなり大きな畳の部屋であった。食事も迎賓館の中で食べたが、迎賓館の邸内で食べると、弁当も美味しく感じられたのは不思議であった。韓国の大統領の乗る車は、もちろんベテランのドライバーが担当した。慣れているから、どんなに偉い人が乗ってもビクつくこともない。常に落ち着いて平然としていた。意外と、大統領が乗る車は出足も早く、結構スピードも出ていた。狙撃を防ぐためだったのかもしれない。

▼首相官邸にも

夜首相官邸に行ったら、官邸の庭では、ライトが明るく点いていてまぶしいほどで、テレビのニュースで見る光景そのままであった。迎賓館には何度も出入りしたが、その都度、ボディチェックされるのには参った。警察のSPの連中にもボディチェックをしようとして、SPが怒って言い争いになったのも目撃した。確かに、チェックをするほうは命令でやっている。SPにしてみれば、何で俺たちまでという思いがあっただろう。考えてみれば、SPはもちろん拳銃を持っている。チェックするほうもどうかしていた。それだけピリピリしていたのである。

ハイヤードライバーとして外務省の仕事を担当し、一番印象に残ったのは、盧泰愚大統領が羽田から大阪へ移動するときであった。大阪へ寄ってそのまま韓国へ帰国するため、政府の高官が羽田へ見送りに行った。筆者も、外務省の官僚を乗せて空港の滑走路へ入った。滑走路へ車で入るのは、気持ちのいいものである。テレビで見る光景の場面に、自分が実際にいてみると、何となくこそばゆいような変な感じがしたものだ。外務省の官僚と一緒に韓国の大統領を見送ったが、アノ日は特に快晴で、タラップを上がる韓国の大統領が、あまり男前でないのに輝いて見えた。好奇心からの半年間のハイヤー経験であったが、外務省の仕事だけは良い経験をさせてもらった。

▼黄色にこだわるニューヨーク

昔から日本でも、ハイヤーは黒と決まっていたが、タクシーはカラフルな色が多かった。夜の歌舞伎町などは、さながら花畑の中のようにカラフルな色のタクシーで埋まったものである。今から一〇年以上前は、地方に行けば黒のタクシーにお目にかかることはあったが、東京都内で黒のタクシーはほとんど見かけなかった。バブルの頃、日本では事務員が会社専属のハイヤーで用事を足しに行くこともあった。狂っていたとしか言いようがなかった。専属でなく、スポットの仕事で行っても、ドライバーが夕食に上寿司をご馳走になることもあった。今でも、ハイヤーはステータスになっているが、当時はその傾向が今よりも強くあったのである。

ニューヨークでは、事故防止のために頑なに黄色のキャブにこだわっている。「遠くからでも、もっとも目立つ色は、やや赤みのある黄色である」というシカゴ大学の研究結果を取り入れたもので、何となく黄色にしているわけではない。研究の結果である。ニューヨークのタクシーは、法律で黄色以外の色は走れない、と決まっているのである。非常に分かりやすい。今ではイエロー・キャブは、ニューヨークの風物詩になっている。街の風景に見事にマッチしているのである。確かに、やや赤みのある黄色は目に付きやすい。利用するお客にとっても、黄色のキャブは目に付きやすいのである。今後も、ニューヨークで黒のキャブが出現することはほとんど考えられない。官僚がしっかりしているから、事故を招きやすく、確認が遅れる黒のキャブは許可しないのである。日本では、サラリーマンや官僚たちの下らない見得のために、事故を招きやすい黒のタクシーが増えている。なんとも理解に苦しむ。

12章　タクシー行政——東京とニューヨーク

▼行政に無駄が多い日本

タクシー行政をニューヨークと比べると、日本はいかに無駄が多い国であることが分かる。二〇〇八年六月、国土交通省は東京に続いて、横浜にも「タクシー近代化センター」を作った。今後、六大都市に作る計画だと言う。こんな税金の無駄遣いはない。役人たちは、財政が苦しいと言いながら、やることは逆のことばかりなのである。不思議な国である。要するに、国会議員が役人の言いなりだから、彼らは好き放題やるのである。

東京の近代化センターも要らないといわれているのに、さらに横浜にも作ることとじたい、国民を無視していることが分かる。日本のお役人たちは、戦後六三年が過ぎても国民を子ども扱いしている。何にでも口を出し、自分たちの支配下におかなければ気がすまないのである。これでは、公務員を減らすどころか、益々増えることになりかねない。二〇〇八年六月、国土交通省からタクシー業界に次のような通達が出された。

▼業務適正化処置法は適正か

「タクシー業務適正化特別処置法」として、次のような罰則制度が施行された。

「運転者登録制度の主な取り消し、警告対象違反項目」

（取り消し）

不当運賃収受――初犯二〇日、再犯六〇日

乗車拒否――初犯三〇日、再犯九〇日

乗車禁止地区営業――初犯四〇日、再犯一二〇日

命令講習未受講――初犯六〇日、再犯一八〇日

死傷事故――初犯一年、再犯二年

飲酒運転――初犯二年、再犯二年

乗客への暴行――初犯一年、再犯二年

不正登録――初犯六〇日、再犯一八〇日

（警告）

駐停車――初犯一点、再犯二点

最高速度・超過――五〇キロ四点、三〇キロ以上五〇キロ未満三点、三〇キロ未満――

初犯二点、再犯四点

区域外運送――初犯二点、再犯四点
領収書未発行――初犯二点、再犯四点
二〇〇八年六月一四日から適用。期間は再登録禁止日数。警告は三年以内累計七点で事業者に受講命令。

▼タクシードライバーはやるなということか?

もしこんな馬鹿げた制度をニューヨークで実施したら、キャブのドライバーはやり手がなくなるだろう、と白石は言う。これは、日本ではタクシードライバーはやるなという役人の意向ではないのか、と白石は断言した。日本のタクシードライバーは、役人を養うために働いているのか、話にならないと言う白石の意見は正論である。いまどき運賃の不当収受なんてあるのか?　駐車違反にまで、国土交通省が罰則を決めてもいいのか。それこそが自己責任ではないのか。

これでは、タクシードライバーは警察と国土交通省から二重の罰則を受けることになる。これは法律的に違法とならないのか?　酷い話である。ニューヨークでも、タクシードライバーの乗車拒否に対しては厳しい罰則がある。しかし、警察とTLC（タクシー&リムジン委員会）の二重の罰則は無い（場合によっては二重の罰則もある）。タクシー業界も、二重の罰則を受けて黙っていないで、法律的に許されるものか法律をよく調べるべきである。納得がいかないなら、ニューヨークのようにストをやることも必要ではないかと思う。ストを実行して、国土交通省の横暴デタラメの実態を世間に知ってもらうのも一考ではないかと思う。タクシー行政に、この国の役所の横暴デタラメ振りが現れている。

▼警察の分野まで国土交通省が

そもそも、何で国土交通省が警察の分野まで口を出すのか。これが納得いかないのである。警察の仕事の分野も、国土交通省がやろうとしているようにしか見えない。要するに、タクシー関係者を子供としか見ていないのである。事業者にも講習を受けさせるとは、一体何様のつもりでいるのか……。自分たちの仲間が仕事が終わって帰るときに、タクシードライバーからビールとおつまみを貰って飲んでおきながら、こんな馬鹿げた罰則を作るとは、呆れてものが言えない。タクシードライバーが、役人の乞食行為を暴露したことに対する報復なのかもしれない。多分そうだろう。そうとしか考えられない。

▼自らの身を正すことが先

タクシー業界に従事する人間を子供扱いする前に、自分たちを取り締まる法整備をしっかりするべきである。タクシー事業者にも講習を受けさせるのであれば、自分たちも身辺を正す講習を受けるべきである。講師は検察庁に頼めばいい。タクシー関係者に嫌がらせをする前に、自分達の身を正すことが先ではないのか……。交通違反の取り締まりは警察と決まっている。何も国土交通省が口を挟む分野ではない。

以前、ＭＫタクシーの青木会長が「近代化センターなどは無駄の最たるものだ、あんなものはいらない」と発言したことがあったが、正論だと思う。戦後六三年経っても、日本の役人はいつまでも国民を子供扱いしている。頭のいい俺たちのいうことを聞け。これが日本の役人なのである。タクシー近代化センターは、旧ソ連のＫＧＢ（旧ソ連国家秘密警察）のようなことまでやっている。お客から下らない苦情を聞きつけ、それを楯にタクシー会社に文句を言い、睨みを利かせる。銀座では決まった場所以外ではお客を乗せてはいけないとか、何十年も前の下らない規則を振り回して、業界に睨みを利かせる種にしているのである。お客は銀座では決まったところでしかタクシーに乗れないので、すこぶる不便を感じているのだ。

▼権力の乱用

国土交通省は、利用者の利便などは眼中に無く、自分たちの力を誇示したいだけなのである。物陰に隠れて、違反車両を摘発したり、警察でもやらないようなことを、近代化センターではやっているのである。こんな横暴を許しておく政治家もグルとしか言いようがない。グルというよりも、政治家は官僚に頭が上がらないのである。政治家のレベルが低いから、日本では役人が好き放題やるのである。

ニューヨークでタクシー行政に携わる役人は少ない。なぜならば、日本のような法人のタクシー会社もないし、個人タクシーもない。だから役人はあまり必要ではない。キャブの管理会社・フリートが、免許を持つ人間に車を貸し出す。キャブのドライバーは、一日一〇〇ドル管理会社にリース料として払えばいい。そこには、お役人が口を挟む必要もない。お互いにハッピーならそれでいいではないか……。それが民主主義なのである。そして、ドライバーの生活を考え、むやみにキャブは増やさない。日本とは大違いなのだ。日本のタクシー行政は、業界とドライバーの上に、国土交通省の役人たちがふんぞり返って君臨している。さながら、旧ソ連のＫＧＢのごとくに……。

▼業界にぶら下がる官僚たち

まったく酷い国である。日本のタクシー料金は世界一高い。それは、多くの役人が業界にぶら下がっているからなのである。日本という国は、あらゆる業界で役人という扶養家族が多すぎる。あらゆる業界で、役人は扶養家族なのである。扶養家族が、偉そうに働き手を子供扱いにして威張っている姿は、どう考えても納得がいかない。この国の姿は、扶養家族が多くて生活に苦しんでいる家庭そのものなのである。

働き手のお父さんは扶養家族のために必死で働く。個人の家庭であれば、扶養家族もいつかは家計を助けてくれるが、役人たちは、死ぬまで扶養家族のままである。家計を助けるどころか、小遣いは使い放題で、むしろ家計を破綻に導いている。家庭崩壊——国の崩壊の原因は、役人という扶養家族が招いている部分が大きいのである。

政治家たちは、扶養家族には甘い。何かと頭が上がらないことが多いからである。アメリカも、サブプライムローンなどというデタラメがまかり通る国ではあるが、日本の役人のように業界に君臨し、業界に天下りしたりして国民を苦しめるようなものはいない。白石がニューヨークで、アメリカの役人に直接接した体験では、ニューヨークのお役人たちは謙虚な人間が多いという。それがまともな国なのである。日本では役人天下で、国民は常に「下におろう、下におろう」なのである。一〇〇年以上前から変わっていないのが、国民と役人の関係なのである。

13章　若者よ、タクシードライバーをやってみないか

▼タクシードライバーの勧め

最近の若者たちは、派遣と称する人間使い捨て組織に体よく利用されている。最近の日本社会は狂っている。人間をモノのように使い捨てにするとは……。人間を使い捨てにして業績を上げた経営者が、経団連の会長になれる国はまともな社会とはいえない。

若者たちに提案したい。タクシードライバーをやってみないか、と。タクシー業界では、ここ数年人手不足で困っている。特に元気のある若者は大歓迎してくれる。すぐに正社員。健康保険も厚生年金も、もちろんすぐに掛けてくれる。最近では、個室の社員寮を備えている会社も少なくない。

何よりもタクシーの場合は、頑張れば自分の収入が増える点がいい。特別不祥事でも起こさない限り、明日から来なくてもいいなどとは言われない。むしろ安心して働ける。

一時避難も許されるのが、タクシードライバーの利点である。頑張ればお金を残すことができる。小泉政治のデタラメな規制緩和のせいで、タクシー不況と言われているが、それでも派遣で得る収入よりはいい。東京・横浜であれば、初心者でも一日最低四万円は水揚げを上げら

れる。タクシードライバーの場合、不思議と初心者の売上が多いものだ。仕事に対してひたむきな心があることと、ツキを使っていないからである。ツキに関しては後で詳しく説明する。地理が詳しくなくても心配いらない。タクシーを利用するお客様が知っている。お客様の指示通り走ればよい。地理は、お客様から聞いて覚えるものだ。心配はいらない、嫌でも数ヶ月すれば地理は覚える。

▼努力が即収入につながる

月に一二出番として、東京・横浜であれば少なく見積もって、月に五〇万は水揚げを上げられる。給料の支給額が、少なくても二五万五〇〇〇円。健康保険や厚生年金で約四万三〇〇〇円引かれても、手取りが二一万二〇〇〇円。別にチップも入る。ニューヨークであればチップは払うものとされているが、日本の場合は、心があればということである。独身者が前提になるが、寮に入って頑張れば月に六万円は預金ができる。年間七〇万円の預金目標も夢ではない。ボーナスも別に出るので、ボーナスで欲しいものを買えばいい。これは少なく見積もった数字なので、東京・横浜の場合は、仕事のコツさえ覚えたらもっと手取りは増える。

▼派遣業界は女衒だ

筆者は派遣会社を「女衒《ぜげん》」と呼んでいる。人材派遣業は現代の女衒なのである。女衒を持て嘲す日本のマスコミは酷すぎる。人間を使い捨てにする日本の社会に、未来などあるわけはない。今回、ニューヨークへ行って再認識したが、アメリカの人たちは、日本の経済の繁栄は、終身雇用制度がもたらしたことをよく知っている。それなのに、最近の日本の経営者たちのやることが人間を使い捨てにすることだとは、あまりにも酷すぎる。自分の任期の間を何とかしようと、目先のことしか考えない経営者が多すぎる。要するに、自分が社長のあいだだけ業績を上げられればいいのである。長期的なことには関心が無く、自分の任期中のことしか考えないのである。だから平気で若者を使い捨てにする。

その点、タクシー業界の場合は分かりやすい。個人の売上の金額に応じて五〇〜六〇パーセント。会社によっては六五パーセントも支給する。自分の努力が直に収入に反映される。非常に分かりやすい。真面目に努力する人間には、ボーナスも出る。お金が必要になれば貸してくれる。至れり尽くせりである。むしろ、普通の会社も見習って欲しい部分が少なくない。

▼種銭を貯めよう

若者たちに提案したい。タクシードライバーをやって、まず種銭を貯めてみよう、と。独り者ならば、努力すれば年に七〇万円はそんなに苦労しなくても貯められる。三年辛抱して二〇〇万円貯める。昔から、石の上にも三年という言葉がある。二〇〇万円貯まれば自信が湧いてくる。ビクビクしなくてもよくなる。種銭が大事なのは、自分の行動に自信が湧くからである。

人間は、何をするにしても種銭は必要なのである。アパートを借りるにしても、五〇万は必要になる。タクシードライバーを体験することは、種銭を貯めるためと割り切ってもいい。

もう一つ大事なことがある。タクシードライバーの仕事は、人生勉強ができることである。人生勉強の場として考えた場合、こんないい仕事はない。街をくまなく走り、社会の動きを直接肌で感じることができる。そして、色々な業界の人たちとも話ができる。ヤクザの人も利用する。別に彼らは怖くはない。直接話すと結構いい奴が多いものだ。

▼大出俊氏も乗られた

筆者は、同じ国会議員を二度お客にしたことがある。横浜で大分前の話になるが、今は亡き、元郵政大臣の大出俊氏が偶然二回お客になったことがある。当時は社会党で、最初は黄金町の駅からご自宅の近くまで乗られた。いつも一人で、カバンを手に電車を使って国会に通っていたのである。大出さんの素晴らしかったのは、タクシードライバーの筆者に対して、敬語で応じてくれたことである。気さくで紳士的な人であった。最近の国会議員で、電車で国会に通う人は多分いないだろう。彼は、ミスター縦縞と言われ、いつも縦縞の背広を着て、自民党の悪たちを相手に爆弾発言をするのでも有名であった。最近の議員と比べたら、人相も良くて男前であった。

昔は、社会党（現社民党）にも立派な人物がいたのである。二回目は、奥さんと二人で手を上げて乗られた。「二度目ですね」、と声をかけたら覚えてくれていた。筆者も、つい調子に乗って色々話をした。すでにマスコミから糾弾されていたにもかかわらず「昭和の天才は、政界では田中角栄、芸能界では美空ひばり、経済界では本田宗一郎ですね」と言ったら、「うちの奥さんは美空ひばりのファンですよ」と田中角栄の話には乗らなかった。

野党の議員に対して刺激が強いことをぬけぬけと言った筆者に対して、さすが大出さん、笑いながら「貴方は面白いことを言う人ですね」と苦笑しながら応えた。そして、これから奥さんと関内に焼肉を食べに行く、と気さくに話してくれた。古き良き時代の国会議員は、人間性の良さを持っていた。田中角栄にしても、大平さんにしても、人間的な魅力を備えていた。

▼実体験が大事

最近の若者は、狭い世界しか知らない者が多くなった。筆者の時代には、麻雀で徹夜したり、先輩と夜の巷を飲み歩くことによって、嫌でも社会勉強をさせられた。徹夜麻雀をして帰る時の虚しさ。二日酔いで、吐き気を我慢しながら会社に行くときの辛さ。そんな経験をしながら、大人になっていくのを自覚できたものである。

麻雀からも多くのものを学んだ。麻雀ではボヤいてはいけないことも教えられた。ボヤくとツキが逃げていくこと。良い手を聴牌しても顔に出してはいけないこと。攻めるときと引くときのタイミング、などなど、麻雀からは多くを学んだ。人生も同じで、辛いときにも決してボヤいてはいけない。得意なときでも、顔に出してはいけない。顔に出すと嫉妬される。

▼年上の女性と付き合え

飲みに行くと当然女性が付きものである。昔の飲み屋の女性たちは気風が良かった。学生には自腹を切って飲ませる女性もいたのである。出世払いと称して、会社に入社して一人前になったら払うのが実際に存在した。現在では想像もつかないが、古き良き時代は、何年後でもちゃんとツケを払いに行ったのである。

筆者が新人社員の頃、スナックのママさんからクリスマスに、下着から靴下、背広上下までお揃いでプレゼントされたことがある。社会のこと、男の自覚、場合によってはセックスも教えてもらった。若者たちには、最初は、年上の女性と付き合うことを勧めたい。出来ればスナックのママさんのような、人生経験が豊富な女性のほうがいい。

若い女性と遊ぶときには結婚していると言え、と先輩から教えられた。虫除けのためだ、と先輩は平然とした顔をしていたものだ。変なのに捕まったら一生の不作だからな、と先輩は教えてくれた。そして、できるだけ多くの女性と遊べ、女性が分かるからと言った。車のハンドルと同じで、遊びの部分は人間も必要である。遊びの部分がないと、ハンドルと同じで事故につながる。最近は遊びを知らない若者が多くなった。遊びに金を掛けることも、男にとっては必要なことなのだと言いたい。

▼パチンコは最悪

同じ遊びでも、パチンコはよくない。プラスになる部分が一ミリもない。前著『打ったらハマるパチンコの罠』（社会批評社）でも書いたが、パチンコは金を失い、時間を失い、時には良心さえも失い、周りの人間まで不幸にする。パチンコだけはよしたほうがいい。最近、主婦がパチンコにハマり、多重債務者になったり、離婚に追い込まれたり、酷い場合は、岩手の主婦による住職殺しのように、パチンコ依存症から殺人にいたる例もある。

アルバイトとして考えた場合、タクシードライバーは決して悪くはない。東京都内では、昼だけの勤務のバイトでも働ける。女性のアルバイトを積極的に採用している会社も何社かある。主婦がパチンコで借金が増えたりして、お金が必要な場合、タクシードライバーのバイトをやってみるのもいいと思う。東京都内では主婦のバイトも結構いらっしゃる。昼だけの勤務で、二〇万円以上手にする女性も少なくない。前著でも書いたが、主婦の場合は住宅ローンの足しになればとか、教育費の足しになれば、とささやかな願いからパチンコにハマって借金を作る女性が多い。読者から届くメールには、身につまされるようなメールが少なくない。この国は、いつまで違法なギャンブルを放置しておくのか、酷い国になったものである。

タクシードライバーの場合、女性のほうがチップも多く入る。個人の財政再建には、タクシードライバーのバイトは悪くないと思う。

▼女性タクシードライバー

最近、東京都内で働く女性タクシードライバーを取材した。三〇代前半のシングルマザーだったが、タクシーは仕事に出れば自由なので、仕事中に家に帰って食事の支度をしたり、子供を保育園に迎えに行ったりもできるのが気に入っている、と話してくれた。収入は手取りで二〇万ぐらいで、バイトとしては悪くはない。勤務状況は子供のこともあるが、日曜はタクシーは暇なことが多いので休んでいる。朝七時から、夕方の五時まで働いている。

また、タクシードライバーの場合、自宅に寄って用事を足すことができる利点もある。仕事に出れば自由なのが、タクシードライバーの良い面なのである。誰も束縛は出来ない。もちろんそばに上司がいるわけでもない。

筆者が取材した女性ドライバーは、自宅近くまでの仕事があれば必ず自宅に寄ることにしているという。幸い実家が近いので、子供を預かってもらったりして助かっている。タクシーのバイトの場合、車が好きなことが第一条件になる。筆者が取材したN子さんは、車が好きなので毎日が楽しいと語ってくれた。車が好きであれば、毎日楽しく過ごせる。彼女の場合、チップが一日一〇〇〇円以上になると言う。女性はどうしても、男性よりはチップが多くなる。

ニューヨークではチップは払うものと決まっているが、日本では心があったらということである。昔は日本でも、タクシードライバーがチップだけで生活が出来た時代もあった。給料は奥さんにソックリ渡して、食事代と自分の小遣いはチップだけで十分という時代もあったという。タクシードライバーは昭和三〇年代、東京オリンピックの頃は、一流企業の部長と変わらない収入であった。

▼仕事中に本を読める

筆者が事業から撤退してから、最初にタクシードライバーを選んだ理由は、誰の束縛も受けず、鳥のように自由なのが気に入ったからである。筆者がタクシーの仕事を始めた昭和五九年当時は、タクシードライバーの収入も良かった。当時は、手取りで三〇万を下回ることはなかった。今の三〇万よりは価値があった。

仕事中に、ただひたすら本を読んだ。昔から本を読むのが好きで、書くのも好きだったから、仕事をしながら、一日最低三時間は本を読めるタクシードライバーをすっかり気に入ったものだ。転んでもただでは起きないぞと強く念願して、タクシードライバーをネタに、最初の本を上梓することが出来た。どんな仕事でも同じだと思うが、目標意識を持って仕事をすることが大事ではないかと思う。

もし、物書きを目指しているならば、タクシードライバーを経験することを推奨したい。街をくまなく走り、あらゆる業界の人間と直接話をすることができる。極端に言えば、極道から芸術家までお客になる。多くのことを学ぶことができ、新鮮な情報が入る。なおかつ、給料がもらえる。また、物書きを目指すならば、読んで欲しい本がある。『まだ見ぬ書き手へ』（丸山健二、朝日新聞社）。この本は名著である。当代随一の作家と言っても過言ではない丸山健二が、心をこめて書いた本である。あれだけ親切丁寧に書かれた作家への手引書は、今後も出てこないだろう。それだけ、内容的に充実した素晴らしい本である。物書きを目指す若者は、是非読んで手元に置いて欲しい本であることは間違いない。

▼向上心を忘れない

筆者は、どんな状況になろうとも、向上心さえ失わなければ、人間は何でもできるものであることを実体験した。若者たちにタクシードライバーを勧めるのは、社会勉強をして欲しいからである。タクシードライバーの体験は、これからの人生に必ず役に立つと確信を持って断言してもよい。

最低三年は辛抱して種銭を貯める。これを目標にしてもらいたい。最低二〇〇万を貯めたら、別の仕事に転職してもよし、大学院に入学して勉強し直してもよいではないか……。まず種銭を貯める。それからやりたいことに挑戦する。

もし、タクシードライバーが気に入ってそのまま続けたくなったら続けてもいい。それは本人次第である。個人的には、もっと別のことも経験して欲しいと思う。人生は片道切符で、行けば二度と戻れない。本当は恐ろしい世界であることを若いうちは分からない。別の仕事も経験して、やはり鳥のように自由なタクシードライバーが自分に合っていると思ったら、又タクシーの世界に戻ればよい。タクシー会社では喜んで迎えてくれる。タクシー会社では、いったん去った人間はどうのこうのと、下らないことは言わない。喜んで迎えてくれる会社がほとんどである。その点では、タクシーの世界は進んでいるとも言える。下らない能書きは言わない。腕と度胸の世界なのだ。

▼仕事に出れば上役などいない

派遣だ、正社員だなどと、下らないことはタクシーの世界では考えられない。入社すれば即正社員なのである。もちろん、仕事に出れば上役などというものは存在しない。タクシーを利用するお客様が神様に見えてくるのである。会社を出れば自分一人。誰も頼ることはできない。東京、横浜などでは、さしずめ都会のジャングルを餌（お客）を求めて走り回るライオンなのである。

筆者の好きな言葉を教えよう。「飼いならされた羊として百日生きるよりも、一日をライオンとして生きなさい」――アーネスト・ヘミングウェイ。少し意味は違うとしても、良いではないか……。誰の指図も受けることなく、誰に頼るでもなく、自分一人の才覚で稼ぐ。東京などでは、お客さんとして会った相手には、ほとんど二度と会う機会がない。一期一会なのである。一期一会にはドラマがある。こんな素晴らしいことはない。

▼人生勉強にタクシードライバーを

人間社会の裏表を直接垣間見ることができる仕事など、探してもそうそうない。この野郎と、殴りたくなる思いをすることもあるかもしれない。しかし、涙が出て止まらないような素晴らしい感動を経験することもある。人間とは、生きるとは、お金とは、そしてお金以外でも大切なものがあることをじっくりと学んで欲しい。最近の日本は、銭がすべてのような社会になっているが、お金なんて、人生にとってはそんなに重要なものではないことを学ぶはずである。ソープ街から美術館まで、街をくまなく走り、多くの人との出会いがある。見かけだけの人間に接して、反面教師とすることもある。見かけはよくなくても、心の美しいお客にも会うだろう。多くのことを学ぶはずである。

多くのことを学んだら、次の人生に生かせばよい。パソコンが上手だからといっても、そんなにすごいことではないことも学ぶはずだ。英語が話せなくても、人生においては別になんでもないことも学ぶだろう。アメリカ人に日本語で話してくれ、というようにならなくてはいけないことも学ぶはずだ。心の小さい人間は、自分を大きく見せようと、見栄を張る人間が多いことも学ぶだろう。

▼東大卒もいる

少し前までは、川崎で東大を出たタクシードライバーが乗務していた。最近消息を聞かないが、タクシードライバーはさまざまな経歴の持ち主が多い。元歌手もいた。元極道もいる。社長経験者は掃いて捨てるほどいる。筆者も社長経験者だが、タクシードライバーは過去を語らない。下手に自慢したら笑われるだけである。なぜならば、東大を出ていようが、社長を経験していようが、タクシードライバーとしては、何の自慢にも何のプラスにもならないからである。腕と度胸の世界と言ってもいい。

自分は度胸がない、と考えている若者は度胸が身につくだろう。多くのお客と接しているうちに、それは自然と身につく。夜、酔ったお客に絡まれても、軽くあしらうすべも自然と身につく。別に心配することはない。命まで取られることはない。たまには開き直ることも必要なことも学ぶだろう。一見紳士風の男が、最低の男が多いことも知ることになる。要するに、人間社会は見た目で判断してはいけないことを知ることになる。ワンメーターで偉そうに振舞う男は、役人に多いことも経験で知ることになるだろう。

▼立場の弱い人間に威張るやつは最低

自分よりも立場の弱い人間に威張るのは、最低の人間と相場が決まっている。その最低の人間が霞が関に多いことも、東京で仕事をすれば体験で知るだろう。

田中角栄のエピソードに面白い逸話があるので紹介したい。秘書の早川さんが秘書になりたての頃、角栄に料亭に連れて行かれた。その時に角栄は、威張ってもいいのは女将さんだけだよと言った。下足番とか、弱い立場の人間に威張ったりしたら、俺が許さない、と早川さんに注意したそうである。さすが田中角栄だと思った。

自分のことを言うのも気が引けるが、筆者も会社を経営していた頃、息子が従業員に生意気な口を利いたので、従業員の目の前で殴ったことがある。筆者は個人的に、昭和の天才は「政界では田中角栄、芸能界では美空ひばり、財界では本田宗一郎」だと思っている。若者に伝えたい、タクシードライバーを通じて、本物の男に必要なものとは――人を見る目――これを養ってもらいたい。

▼人を見る目を養える

最近は、人を見る目がないのに人の上に立つ男が多くなった。人の上に立つ男の第一条件は、人を見る目を持っていることである。人を見る目を養うことは、人生において必要なことなのだ。人を見る目を養うために、遊びも経験しなくてはいけない。人を見る目のない男は、遊びを経験していない男に多いというのは事実である。人を見る目がなかったばかりに、失敗した例は数多く見てきた。

筆者は自慢するつもりは毛頭ないが、人を見る目には絶対の自信がある。九九パーセント外れることはない。それは、トヨタのディーラーで新車を一二〇〇台売る過程で、多くのユーザーに会い、人間の心理を追求したからである。筆者はたまに講演に呼んで頂くが、ペラペラしゃべる男と、相手の立場に立ってものを考えることの出来ない人は営業マンには向かない、といつも伝える。

最近の事はよく分からないが、筆者が現役の頃、トヨタでは、全国からトップ営業マンが表彰で本社に集まることがあった。口から先に生まれてきたように、ペラペラ喋るトップ営業マンには会った事がない。トップ営業マンは、むしろ寡黙な男が多かった。寡黙なぐらいのほうがお客様は信用する。人を見る目を養うにはタクシードライバーは最適である。若者たちよ、タクシードライバーを経験して人を見る目を身につけよう。

▼無事なことがなにより

タクシーの仕事は自分で覚えること。普通の仕事のように手取り足取り教えるわけにはいかない。実体験で学ぶ、これが基本である。そして「無事これ名馬」。自分のためはもちろん、会社のためにも事故を起こさないことである。事故を起こしてはすべてが無になる。

よく、貰い事故だからと胸を張るドライバーがいる。プロは貰い事故でもいけない、これが筆者の持論である。貰い事故の場合でも、こちらにも原因があることを知ってほしい。そして、何か心配事があるとか、心に弱い部分があるときに、事故を貰いやすいことを覚えておいて欲しい。

「外柔内剛」、これを忘れてはいけない。運転中は、常に強い気持ちでいなくてはいけない。強気で乱暴な運転を勧めているのではない。事故を受け付けない。撥ね返す、強い気持ちを持って運転することである。筆者は現役の頃、このコツを知ってからは、事故の被害者にもなったことがない。

▼マイナス要因は見るな

それと、事故の現場に出会っても、決してまじまじと見てはいけない。車から降りて、しげしげと見ているドライバーもなかにはいるが、事故は念入りに見てはいけない。何故ならば、あまりよく見るとインプットされることがあるからである。事故がインプットされたらたまらない、同じことに遭う恐れが出てくる。

形は違うものの、惨めな姿の人間もあまりまじまじと見てはいけない。筆者は、ホームレスの人達は見ないようにしている。常に前向きな対象しか見ない。できるだけ、プラス思考でいたいから、マイナス思考につながるものは見ないようにしているのである。マイナスに繋がるものは、できるだけ見ないことを心がけることも必要なのである。

▼仕事を舐めるな

ここまでで、いろんなことを知ったことだろう。タクシードライバーの仕事は、そんなに難しい仕事ではない、だからと言って舐めてはいけない。新人でいきなり事故を起こすタイプは、タクシードライバーの仕事を舐めてかかるからである。そんなに難しくない仕事ほど、無事で続けることが大変なものなのである。何故ならば油断が生まれるからである。

昔は、郵便配達の仕事が尊敬されたものだ。昔の人たちは、難しくない仕事ほど、長年無事で続けることが大変なのを知っていたからである。若者たちに伝えたい。どんな仕事でも舐めてかからないこと。舐めてかかると怪我をする。「無事これ名馬」、これを忘れないで欲しい。

▼マナーは自分のため

マナーはできるだけよくすること。堅苦しいことを言うつもりはない。マナーが悪いと、お客様に「この野郎」と思われることが悪いことに繋がるからである。一〇人のお客様に「この野郎」と想念を送られたら事故に遭いかねないのだ。他人に悪い想念を送られると、当然ツキも悪くなる。できるだけマナーを良くすることは、悪い想念を送られないため、ツキをよくするため、自分のために必要なのである。

タクシードライバーは、個人事業主。これが当てはまる。売上が即収入に反映する。だからといって決して無理をしてはいけない。無理をすると体を壊したり、事故に繋がるからである。

タクシーの仕事は無理をしないこと。仕事は今日だけではない。次で挽回できる。だからと言って怠けるのは論外である。タクシーの仕事は不思議と、忙しくて仕事が順調なときは疲れない。仕事が暇なときは疲れる。これが不思議なほど当てはまるのである。

▼ツキが左右する

仕事に慣れた頃、アレっと思うことがあるはずだ。努力が実績に繋がらないことが少なくないことに気が付くはずである。そうなのだ。タクシードライバーの仕事は、ツキに左右されることが多い。努力しても、ワンメーターが続いて売上が惨敗に終わることもある。

では、ツキを良くするにはどうしたらいいか？　多分真剣に考えることだろう。コツを教えよう。物事すべてを、ポジティブに考えることがツキを呼び込む基本である。

ワンメーターのお客でも嫌がってはいけない。お客には罪はない。ツキがない自分が悪いだけなのだ。ワンメーターのお客でも、お客が降りたところにロングのお客が待っていると思えばよい。ツキを良くするには、すべてを前向きに考えることである。だからと言って、ツキに頼ってばかりではいけない、努力する人間にしか、ツキは寄ってこない事を知っておく必要がある。タクシードライバーで得たツキを呼ぶコツは、別の仕事に就いても役に立つはずである。

▼願いは大きく

「棒ほど願って針ほどかなう」という言葉がある。例えば東京駅で付け待ちしていたとしよう。新宿とか二、三〇〇〇円の中途半端なことを願ってはいけない。熱海でも行ってやろうか、とそれぐらいのことを願ったほうがいい。人生でも同じ、大きなことを願ってこそ、中くらいのことが実現したり、本当に大きなことを達成できることもある。人生では、棒ほど願っても、かなうのは針ほどなのが普通なのである。最初から小さなことを願っていては、針ほどもかなわない事になる。「棒ほど願って針ほどかなう」。希望は大きくである。

仕事をしていると、もう一つ気が付くはずである。成績の悪いドライバーは、常にボヤいている。どんなにツキがないときでも決してボヤいてはいけない。ボヤいているとツキは寄ってこない。神はボヤいている人間を嫌う。筆者は、ボヤキが多い人間には近寄らないようにしていた。何故ならば、近寄るとツキの悪いのが移ることがあるからである。拙著『打ったらハマるパチンコの罠（ＰＡＲＴ１）』ではプロのギャンブラーのことも書いたが、プロのギャンブラーは、運の悪い人間には近寄らないようにしていた。下手に近寄ると、運の悪いのが移ることがあるからである。

▼漫画本など読むな

総理の麻生さんが、自分で漫画オタクなどとアホなことを言っているが、個人的には、若者に迎合する麻生さんをお調子者だと思っている。駅に付けたり、タクシー乗り場で付け待ちをしているときに、漫画本を読んだりしてはいけない。もっとましな、まともな本を読むことを勧めたい。貴重な時間を漫画本に費やしてはいけない。毎日の積み重ねが、思いがけないことに繋がるからである。筆者は、タクシーの車内で哲学書まで読んだ。最初の本の原稿の半分は、タクシーの車内で書いた。人間やれば何でもできるものなのだ。やらないだけである。若者たちには、仕事中に本を読むことを勧めたい。駅で付け待ちのとき、ホテルでの付け待ち、タクシーの仕事は本を読む時間は多い。

筆者は、午前中はホテルで付け待ちすることが多かった。ホテルの場合は、ロングのお客様に出会うことが期待できるからである。ただし、一時間待つこともある。そんな時は静かに本を読んだ。タクシーの仕事は、本好きにとっては最高の仕事なのである。一日最低三時間本を読みながら給料をもらえる仕事は、タクシードライバー以外にはない、と言ってもいい。

今までで、一番長い時間本を読んだのは七時間である。羽田までの仕事の後、そのまま羽田空港に付け待ちしたら何と六時間半も待たされたことがあった。自分の順番が来てお客様が乗られるまで、六時間半である。逆に、最短で出たのは一五分というときもあった。羽田空港では、三時間待つのは普通で、みんな慣れているから、本を読んだり、飛行機が飛び立つのを眺めながらのんびり待つのである。

▼母港を決める

自分の「母港」を決めておくとよい。好きな駅を母港のようにするのである。駅からお客を乗せると、行き先はどこへ行くか分からない。方々走って疲れたら、母港へ戻ってほっと一息ついてまた走ればよい。筆者は東京で仕事をしていた頃は、東京駅の丸の内を母港としていた。皇居を眺めながら付け待ちしていると、何故かほっとした。下町を好むドライバーもいる。それぞれ好みが違う。筆者は下町は嫌いであった。毎日の積み重ねが人生では大切なのだ。

若者たちに伝えたい。「歳月人を待たず」。月日は人を待ってくれない。時はあっという間に過ぎていく。派遣などというものは、昔の女衒である。あんなものに振り回されてはいけない。女衒とは、広辞苑によれば「江戸時代に女を遊女に売ることを業とした人」とある。要するに人を売り買いした最低の連中だった。それが現代では、マスコミによって時代の先端を行く事業として持て囃されている。この国では、何かが狂ってきている。若者たちに伝えたい。女衒に振り回されるな、と。

▼人に頼るな

タクシードライバーは、自分一人の世界で、自分の才覚だけで稼ぐ、いうなれば腕と度胸の世界である。常に自分一人で仕事をして誰も頼れない。仕事に出れば誰も頼ることはできない。それでいいではないか、男なら人に頼るな。筆者は、タクシードライバーこそが男の仕事だと考えている。たった一人で、誰にも頼らず、稼ぎが即収入に反映される。稼いだ分だけ貰う。これこそ男の生きる道ではないかと思う。会社では、お世辞も、オベンチャラも通用しない。仕事中は、上役も存在しない。男の世界なのである。

正社員で月に一二乗務が標準である。だから、ウイークデーに休みになることが多い。出歩くにしても、ウイークデーはどこも混まないからこたえられない。慣れてくると、土日には出歩かなくなる。混まないウイークデーに、コンサートでも、美術館でも行ける利点がある。もちろん、休みの日にも読書に没頭することができる。月に一二乗務なのだから……。ただし、仕事の次の日は休養することが肝心である。休養に専念することである。体を壊す人は、明けの日にパチンコをやったり麻雀をやったりして体を壊す。寝るのも仕事のうちなのである。昼でも慣れれば熟睡できるものだ。自分でコツをつかんで、体を労わることも大事なことだということを知っておいて欲しい。

歓迎される職場に行くことはいいことだと思う。人間を使い捨てにする会社に行くよりは、歓迎されて、すぐに正社員として働けるほうがいいに決まっている。

▼車が好きであること

一つ忠告したいことがある。それは、車が好きであること。これがタクシードライバーの絶対条件である。車が好きでなければ続かないし、事故に繋がる。車が好きでないならタクシードライバーはよしたほうがよい。車が好きであれば、毎日楽しく過ごせる。

筆者は、読書とドライブと割り切っていたから、毎日楽しく仕事が出来た。それでも、人並み以上の売上は達成出来た。その理由を教えよう。常に頭を使って、勘を養うことである。コンサートなどの終わる時間、イベントの開催状況等をメモしておく。退社時間の午後五時過ぎはどの辺がいいかなど、常に頭に入れておく。どんな仕事でも同じだが、常に頭を使うことである。お客様が乗られて目的地に着く前に、降りた後どのコースを走るか頭に入れておく。常に勘を磨いておく。二股の道路で右に行けばお客がいるが、左に行けばお客がいるか、勘を磨いておけば面白いように的中する。筆者は、タクシードライバーをやることで、自分の本のネタも仕入れることが出来て一石二鳥、いや、一石三鳥ぐらいの成果があった。

▼目的意識を持つ

どんな仕事にも言えることだが、目的意識を持って毎日を過ごすと必ず成果は上がる。人生勉強しながらお金を貯めることができる仕事は、そんなに多くはないはずである。同僚との下らない付き合いはないし、付き合う必要もない。朝会社に出れば、すぐ外に出る。仕事に出れば同僚と顔を合わせることも少ない。もちろん話をする機会もほとんどない。個人事業主のようなものだから、周りを気にすることもない。制服やワイシャツ、ネクタイは、会社で支給されるから服装にも金がかからない。食事代ぐらいのチップは入る。要するに日常仕事に出れば、お金を使うことがあまりないのである。だから、お金を貯めようとすれば貯められる。

もし、付き合っている彼女がタクシードライバーは嫌だと言ったら、そんな彼女とは別れたほうがいい。筆者の得意なせりふを教えよう。「追いかける価値のないのはバスと女、待っていれば次がやってくる」。女性は日本に何千万人もいる。くよくよすることはない。彼女はすぐに見つかる。何か目的意識を持って努力するときは、筆者の体験から言わせてもらうならば、彼女は邪魔になることが少なくない。できれば、目標の二〇〇〇万円を貯めるまでは、彼女は持たないほうがよい。そこまで徹底できれば本物である。

▼免許のある人はタクシーへ

厚生労働省が二〇〇七年六月から七月にかけて「ネットカフェ難民」の調査を行った。調査結果によると、全国に五四〇〇人いるとの推計である。年齢別では、二〇代が最も多く、続いて五〇代、三〇代の順である。会社をリストラされた人も多いだろう。あの狭い空間で寝ている若者たちを思うと、こちらも辛くなる。ネットカフェの生活を長く続けると、背骨が曲がってしまうという。狭い空間で縮こまって寝るのが原因なのだ。そんな生活を続けるよりも、タクシードライバーに挑戦することを勧めたい。

仕事が見つからなくて苦労している若者で、免許証のある人は、タクシードライバーをやってやり直すことを勧めたい。免許を取ってから三年以上経って入れば、タクシー会社では二種免許を取らせてくれる。その間の給料も支給する。至れり尽くせりで迎えてくれる。派遣で痛んだ心も体も、心身ともにリフレッシュできる。そして、タクシードライバーで頑張って、種銭を貯めたらまた考えればよい。

若者よ、派遣で使い捨てにされるよりは、タクシードライバーをやってみよう。目的意識を持って仕事をし、何はともあれ、タクシーで種銭を貯めてから次のステップに進めばよいのだ。一時避難するつもりでもいい。タクシーの仕事は、一時避難も許される。タクシードライバーを経験し、人生勉強をする。社会勉強をしながら種銭を貯め、それから次のステップに進み明るい未来を築こうではないか。

▼不況の波は日本でも

しかし、業界の厳しい現状も伝えなくてはいけない。特に、アメリカ発の経済危機から、タクシー業界の売上は落ちてきている。一二月は、不況に関係なくタクシーは需要があるものの、二〇〇八年の一〇月頃から、東京・横浜でも営業収入は一割ぐらい落ちてきている。世界同時不況の波は、日本にも容赦なく押し寄せている。今回の不況は、タクシーに限った事ではなく、すべての業界に及んでいる。むしろ、好況の業種を探すのが難しい状況にある。

二〇〇二年のタクシー規制緩和で、増えすぎたタクシー台数に歯止めを掛けようと、国土交通省は新規参入や増車を規制する方向だ。二〇〇九年の通常国会で、道路運送法の改正を目指している。特に規制緩和の影響は、人口の少ない地方都市に多く表れている。仙台を例に取り上げると、二〇〇七年の三月末で三〇〇三台となり、規制緩和から五年で一・五倍に増えたことになる。仙台駅西口には、朝から一〇〇台以上のタクシーが、ひしめき合って客待ちしている。お客が乗るまでの待ち時間は約一時間。一時間待ってワンメーターはざらである。これでは、とても商売にならない。

▼地方都市ほど厳しい

タクシーの場合、地方都市になればなるほど収入面では厳しくなる。一〇〇万人都市の仙台でさえ、タクシーは厳しい状況に追い込まれている。マスコミも、地方の声はなかなか届けてくれない。だから、タクシードライバーをやるなら東京か横浜ということになる。東京・横浜はタクシーの台数も多いが、それ以上にお客も多い。不況に関係なく、タクシーを必要とする人が多いのも、人口三六五万都市の横浜と、首都東京なのである。地方都市が一日二万円台、首都圏埼玉で三万円台、横浜で四万円台、東京が五万円台。これが、世界同時不況になる前の、おおよその営業収入である。

▼国土交通省も重い腰を上げた

国土交通省は、さすがに酷すぎる状況を認識して、二〇〇八年一月、仙台市を新規参入や増車を規制できる「緊急調整地区」に指定した。何故仙台に新規参入が二七社約七〇〇台も増えたのか……。これほど新規参入が増えた理由は色々考えられるが、東京や横浜と違い、新規事業の立ち上げは少なく、新規の事業をやってみたいと考える人が多かったと考えられる。それと、隣の芝生は青く見えるという一面もある。タクシーは、日銭が毎日入るので、資金繰りに苦労しなくてもすむ事業であり、普通の商売と違って、売り掛けがないから貸し倒れもない。他業種の人達からみれば、毎日現金が入ってくることに魅力を感じるのである。しかし、その日銭が少なければ話は別である。

国土交通省は二〇〇七年一二月以降、約五〇地域で料金の値上げを認可した。東京・横浜は二〇〇七年一二月、全国に先駆けて平均七・二パーセント値上げした。しかし、現実問題として、深夜料金が三割から二割に下がったので、収入はむしろ減るケースも少なくなかった。個人的には、値上げと標榜しておきながら、実態は形だけの値上げに過ぎなかったと考えている。

二〇〇六年度の全国のタクシー台数は二七万三七四〇台で、二〇〇二年の規制緩和から約一万五〇〇〇台増えている。国土交通省では、全国をタクシー台数の過剰具合で三段階に分け、過剰が深刻な地域では、事前審査段階で事実上新規参入や増車を認めず、タクシー会社が地域単位で協調して保有台数を減らす制度も導入する方向である。これは、独占禁止法に抵触しないことを前提に、二〇〇九年の通常国会に、道路交通法の改正案として提出する予定になっている。

▼エセ学者やエセ文化人

こういう話が出てくると、必ずエセ学者やエセ文化人たちが、消費者利益を損ねるとか、利いた風なことを言い出すのが日本の特徴だ。この国では、エセ学者や、エセ文化人が多すぎる。愚にもつかない意見を正論らしく述べる。彼らは世論に迎合して、タクシードライバーの生活のことは考えようともしない。ニューヨークでは、ドライバーも生きていかなくてはいけないからと、タクシーが少ないことには誰も文句は言わない。「お互いにハッピーならそれでいいではないか」、これがニューヨーカーの良い面なのである。いっそ、ニューヨークでタクシードライバーをやってみるのもいいかもしれない……。ぜひ、挑戦する若者が現れてほしい。ともあれ、人生勉強の場として、若者たちにタクシードライバーを経験してほしい思いに変わりはない。

14章　アメリカ発の世界同時不況

▼アメリカ追従は間違いだった

この原稿を書き終わる頃から、アメリカ発の経済不況が顕著に現れてきた。ニューヨークの白石と連絡を取り、ニューヨークの状況もリアルタイムで聞けるように努力した。小泉政権の頃、「東京を国際金融都市に」とか「日本も金融立国にしよう」などとはしゃいだ与党政治家たちの姿は何だったのか？　国民が騙されていたとしか言いようがない。

白石が、日本に一時帰国したのが一一月のはじめ。二週間日本に滞在してニューヨークに帰ったら、様相が一変していたという。GMが倒産寸前、クライスラーもフォードも青息吐息で、大変な騒ぎになっていた。タクシーのお客も減っていた。お客が減ったのは日本も同じで、一〇月頃から一割は確実に減っている。今回のアメリカ発の不況だけは、ニューヨークも日本も変わりがない。文字通り、世界同時不況なのである。

小泉元総理が、「ブッシュのポチ」とまで揶揄されながら、尻尾を振り続けたアメリカとは何だったのか？　アメリカへ行って、プレスリーの真似までした小泉総理とは何だったのか？　稀代のペテン師だった、という人も少なくない。小泉政権は、「アメリカンスタンダード」

を「グローバルスタンダード」だと言って国民に押し付けた。小泉政権の頃、若者たちには、外資系の銀行や証券会社に就職することが最高だと思われていた。実際に学生たちは、我も我もと外資系の会社に就職活動をした。国民はみんな騙されていたのだ。リーマン・ブラザーズに就職した若者たちは、いま地獄を見ている。

ホリエモンや村上ファンドは、小泉政治の申し子であったともいえる。彼らを許さなかった検察は、小泉政治に惑わされることなく、良識を失っていなかったということになる。ブッシュは世界に迷惑をかけたまま、大統領の座から間もなく去る。小泉氏も引退を表明している。アメリカ発の経済危機により、小泉叩きが始まるのを予想していたようにも見える引退表明であった。それにしても、悪運の強い男である。

断っておくが、筆者の小泉批判は今に始まったことではない。二〇〇六年発売の拙著『打ったらハマるパチンコの罠』で「筆者は三年も前から小泉政権を『弱者皆殺し政権』と呼んできた。最近は、ますますその意を強くしている。あの人は、弱者と地方の人間はどうにでもなれ、と考えているふしがある」と書いた。日本の政治は語るに落ちた。これ以上、日本の政治を批判しても腹立たしくなるばかりである。

▼景気の動向はタクシードライバーに聞け

タクシーは、不況の影響を一番早く実感する仕事である。実に正直に売上に表れる。景気の動向はタクシードライバーに聞け、という話もあるほど、景気の状況を直接肌で感じることのできる仕事である。街をくまなく走り、好不況の影響は直ちに売上に現れ、あらゆる業界の人達から、リアルタイムで話が聞ける。アンテナをしっかり立てていれば、これだけ情報が入る仕事もそんなに多くはない。今回の不況でも、日本ではタクシーの営業収入に、一割以上の落ち込みが現れている。一二月は暮れなので、不況といえどもそれなりにタクシーの需要も多いが、一月以降が問題である。

ニューヨークの白石も、一二月は不況に関係なくキャブは需要があるという。しかし、ウォール街はいつもの暮れよりは活気がなく、有名な投資家が両手首を切って自殺をしたというニュースも流れた。マンハッタンを流していても、一二月としては、人出が例年より少ないという。お客があって、チャイナタウンに行っても、お客が少なかったと言う。

食事で思い出したが、「グラウンド・ゼロ」に行った時、帰りに白石とレストランに入った。白石は海鮮料理を頼んで、筆者は、牛肉の本場だからと思ってビフテキをオーダーした。なんと、そのビフテキの不味さと言ったら、形容のしようがないほどであった。生涯で最悪の不味いビフテキであった。古いパンをかじっているような感じで、ぼそぼそした嚙み応えで味がなかった。肉は国産にかぎるとつくづく思った。

▼ホームレスにはしっかり対処

ニューヨークでは、確かにホームレスも増えてはいる。しかし、ニューヨークの場合、ホームレスのシェルターがあるので、冬の寒さに凍え死ぬのは何とか免れることはできる。日本は、派遣切りに遭った若者には住宅を紹介するらしいが、今現在、路上で寒さに震えているホームレスには手を差し伸べようとしない。また、ニューヨークでは、フードスタンプが支給されるから、飢え死にも免れることができる。シェルターとフードスタンプで、何とか生き延びられるのがニューヨークのホームレスなのである。日本では、ホームレスが飢え死にしようが、凍え死にしようが行政は知らん振りである。マスコミが騒いでいる派遣切りだけには目を向け、対応している。マスコミが騒ぐことだけには素早く手をつけて、体裁だけはよくするのだ。

▼ものづくりに励まなくなったアメリカ

確かに、アメリカは酷い国であることが今回の金融危機で露呈した。ニューヨークをくまなく走り、あらゆる業界の人間と接する白石の言葉は聞くべき価値がある。白石は、日本の大学も出ているし、カメラマンとしての仕事も、イベントプロデューサーの仕事もこなして、知性も良識も備えている。下手なジャーナリストより、リアルタイムの情報を持っている。

白石は今回の金融危機に関して、次のように感じている。一番の原因は、アメリカがものづくりが出来なくなり、日本や中国、韓国の電気製品や車に席巻され、実体経済をおろそかにして金融に走ったのが問題ではなかったか。要するに、汗水流して働くことを尊いものだ、と思わなくなっていたのである。デリバティブ（金融派生商品）を駆使して、大金を手にすることにうつつを抜かしていたのである。一攫千金を夢見る男たちが、大手を振って歩いていたことが間違っていた、と白石はニューヨークからの電話で語った。

▼本物のバンカーがいなくなった

白石が、信頼できるお客様から聞いた話では、今アメリカでは、本物のバンカーがいなくなっているという。ニューヨークのバンカーは、大口取引だけに興味を示し、中小企業の小口で手間のかかる取引には興味を示さなくなっているという。日本のバンカーも、似たようなケースが増えているのはどういうことなのか……。

日本も、ニューヨークと同じ運命に向っているのかもしれない。バンカーは、中小企業を育て、大きく伸ばしていくことに喜びがあるはずなのに、目先の利益ばかり追いかけていては、経済が沈んでいくのは誰でも分かることなのだ。日本のバンカーも、酷いのになると、中小企業や個人のお客はゴミと呼んでいる、と大手銀行の人間から聞いたことがある。

▼ＧＥも金融からの利益が多い

今や、アメリカにおける中心産業は金融で、二〇〇七年には企業収益の四割を金融が占めるほどになっていた。アメリカは、ものづくりより楽をして大金を掴める金融に目がくらんでいたのである。

ＧＥ（ゼネラル・エレクトリック）が二〇〇八年五月、家電部門を売却すると発表したことに顕著に現れている。ＧＥの収益のうち、家電部門が占める割合は一四パーセントになっていた。ＧＥで最も収益を上げている部門は金融部門なのである。ＧＥの実態がアメリカ経済の病状をよく表している。その結果は、二〇〇七年の貿易収支の赤字が七一一六億ドルという数字に表れている。

▼日本はものづくりに全力を

白石は、アメリカから日本を見ていると、ものづくりに精を出さなくなれば、日本も終末を迎えるだろうと断言した。確かに、小泉政権時代から日本がおかしくなっていた。自民党は、ホリエモンを持て囃し選挙にまで引っ張り出して、彼を息子だとまで言った。ホリエモンや村上ファンドの村上世彰を持て囃した日本のマスコミは狂っていた。というよりも、良識が欠落していたと言える。

日本は、バブルのときにあれだけの痛手をこうむりながら、「喉元過ぎれば熱さを忘れる」で、デリバティブに企業までが手を染めるようになっていた。バブルが弾けてから、企業は多くのことを学んだと思う。しかし、マスコミは学んでいなかったようだ。なぜならば、小泉政治を持て囃し、外資を持て囃し、ホリエモンや村上世彰を持て囃したのは、間違いなく日本のマスコミであったからである。

▼普通の住宅ローンも危ない

白石が仕入れた情報によれば、サブプライムローンもさることながら、正規の住宅ローンの焦げ付きも増えているという。正規の住宅ローンとカード破産の増加は、これからどうなるのか予想もつかない状況にあるという。サブプライムではない、普通の住宅ローンの破綻が増え、カード破産の増加に火が点けば、収拾がつかなくなるのは目に見えている。

アメリカの格差社会はいつも言われているが、実態は酷い状況である。CEO（最高経営責任者）と一般従業員の格差は広がる一方で、一九八〇年の米国企業CEOの平均年収は、労働者の四二倍だったのが、二〇〇五年には二六二倍に広がっている。何でもアメリカの真似をする日本は、日本企業のCEOの所得も上げてきている。日本人は、アメリカの悪い面ばかり真似をする変な癖がある。

▼ウォール街の住人

白石に言わせれば、ウォール街の男たちは嫌いな人種であった。自分勝手で、冷たい心の男が多いからである。一流の大学を出ていて、頭は良いかもしれないが、ずる賢く、あこぎなことも平然と行う男たちであった。一流大学を出て、一流といわれる会社に勤めていても、人間的にはどうかといえば、首をかしげたくなる男が少なくないのである。これは、ニューヨークだけではなく、日本でもまったく同じことが言える。

筆者も現役時代、丸の内のビジネス街や霞ヶ関でもお客を乗せたが、一流会社といわれる会社の社員は、心の冷たさを感じさせる男が多かった。ウォール街や丸の内で仕事を続けていくには、冷たい心を持っていなくては勤まらないのは、ある程度理解できる。しかし、それが良い人生かといえば、話は別である。人を蹴落としてずる賢く立ち回り、銭に振り回されて生きるのは、白石にも筆者にも馴染まない。とても耐えられない生き方である。

▼日本も悪くなった

日本もアメリカの真似を続けているうちに、ずる賢いあこぎなビジネスのやり方を、なんとも感じなくなってきている。食品の偽装は数知れず、騙すことをなんとも思わなくなっている。日本人の良さがどんどん失われているのである。

ドイツを見れば、堅実なものづくりを真面目に続けていて、良質の車や機械を世界に供給している。ドイツ人は、決してアメリカの真似をしないで、堅実な国民性を失わずに努力している。アメリカに対する批判精神を失っていない。日本も、真似をするならば、アメリカよりもものづくりに励むドイツではないかと思う。

アメリカでは、売ることを目的に会社を立ち上げるケースが少なくない。そこそこ業績を上げて会社を高く売る。このケースが多い。会社を継続することよりも、会社を立ち上げたら高く売れればいい。これがアメリカなのである。二〇〇九年一月三日、白石から届いた情報によれば、ニューヨークでは失業者が増え、イエロー・キャブ・ドライバーの希望者がドライバーの資格試験に殺到しているという。ニューヨークでは、キャブ・ドライバーの新人が増えるのは間違いない情勢にある。

▼中古車の価格も下落している

最近ニューヨークでは、中古車の価格も下落している。筆者は車の販売会社を経営したことがあるから分かるが、ディーラーにとって、中古車価格の下落は死活問題なのである。下取りした車の価値が下がれば、利益が吹っ飛ぶどころか、マイナスに転落する。中古車価格の下落は、ディーラーにとっては致命傷になりかねない。特に中古車の場合は、在庫期間が長くなればなるほど、黙っていても価格は落ちていく。中古車は、氷が溶けていくように、どんどん価格が下がっていく代物なのだ。

健全なディーラーは、中古車部門がしっかりしているケースが多い。アメ車の中古車は、日本に持ってきても売れない。図体が大きいだけのアメ車は、それこそ捨てる場所に困ることになりかねない。車で繁栄したアメリカ社会を、車の企業が足を引っ張る事態になっている。G

M、クライスラー、フォード。いずれも見る影もない。

個人的な意見としては、トヨタは量を追いかけるよりも、従来の路線で質を追いかけるべきであった。トヨタの車は、質がよいから世界で認められたのである。量を追いかけていては、GMの二の舞になりかねない。トヨタのディーラーで営業マンを務めた経験から言わせてもらえば、販売量を追いかけるのは営業マンだけでいいと思う。メーカーは、量よりも質を大事にすれば、量は後からついてくるものだと考える。それにしても、トヨタの動向が気になる。

▼日本の車はニューヨーカーも認める

今回、マンハッタンを歩いて気がついたことは、トヨタの車が多かったことである。トヨタの車はアメリカの社会に馴染んでいた。トヨタのクラウンが、日本に登場したのは一九五五年である。当時は、マイカーなど夢に過ぎなかった。あれから五三年、トヨタがアメリカのGMを追い越すとは、誰も考えなかった。白石もニューヨークに住んで二〇年になるが、贔屓目ではなく日本車は世界一の性能だと太鼓判を押す。ニューヨークでも、「日本車は故障が少ないから」と日本車に乗る人はみんな同じことを言う。

▼でも、アメリカは必ず立ち直る

とはいえ筆者が、ニューヨーカーを好きなことに変わりはない。まだアメリカには、立ち直るパワーがある。優秀な人間がいる。ビル・ゲイツは、富のほとんどを慈善事業に寄付している。日本で、そんな人間がいるだろうか？　そしてアメリカ国民は、大統領に黒人のオバマを選んだ。アメリカ人にはチェンジする力があると思う。それにひきかえ日本の政治は……。ほとんど期待すら出来ない状況に陥っている。

アメリカはまだ捨てたものではない。これからはむしろ、日本の前途のほうが心配になる。日本の企業は輸出に頼り、国内は相手にしなくてもやっていけるという思い上がりがあった。日本国内に税金を払わないで、海外に逃避する企業も多くなっている。「奢る平家は久しからず」、日本の企業経営者にはこの言葉が当てはまる。

白石は言う。「アメリカにはチェンジするパワーがある。日本にはチェンジする力を感じられない」と。確かにその通りである。日本の国民に、オバマを選ぶようなパワーがあるかといえば、ノーである。いつまでも自民党政治に頼り、愚にもつかない二世、三世議員を選ぶ日本国民は民度が低すぎる。

筆者も白石と同じで、ニューヨーカーが好きである。彼らはひたむきに生きて、とりわけ庶民は、人を思いやる心を失っていない。日本と違い、若者たちは年寄りを大事にする。地下鉄に乗って気がついたが、ニューヨーカーはゴロツキでも年寄りには席を譲る心を持っている。

アメリカは必ず立ち直ると信じていたい。黒人でも大統領になれる――このパワーは大きい。日本では、二世、三世しか首相になれない。この現実は致命的である。

15章　女性ジャーナリスト「ささききん」

▼筆者を動かしたささききんの記事

この本のネタ元になったのは、ニューヨークで活躍する女性ジャーナリスト「ささききん」さんが書いた『日刊ゲンダイ』の「NY裏通信」である。ささききんはニューヨークで女性一人で、ジャーナリストとして活躍しておられる。

ニューヨークで女性が一人で住むことは、札幌へ転勤したとか、博多へ転居したとは、比較にもならない大変なことである。ニューヨークで女性が一人で仕事をして生活していくことは、恐ろしく孤独で厳しいものだと思う。よほどの強い心と度胸がなくては、長年マンハッタンに一人で住んで生活を続けることは出来ない。今回は、本書の主人公である白石良一氏もさることながら、女性一匹狼を自認する、ささききんの生き方にも魅力を感じた。

筆者の友達は、男でも女でも、自分を強く持っている友人が多い。筆者は、時流に逆らう生き方をする人間を好む。自分もそうだから……。時流なんていうものは、そもそも碌なものではない。自分を強く持っていなければ、時流に流されてしまう。特に、最近のマスコミが作り出す時流は酷すぎる。筆者はブログにいつもこう書く。「この国は、政治家と、官僚と、マスコミによって滅びる」と。筆者の好む人は、時流に逆らい、孤独に耐え、権力に迎合しない人間たちである。ささききんは言う。「時代の流れに逆らう心と、時代の運命が私をニューヨークに留めた」と。

▼バブルの頃ニューヨークへ

彼女がニューヨークへ来たのは一九八七年。白石よりも五年遅い。その頃日本はバブルの真っ只中で、一億の人間が銭を追いかけ、土地を転がし、カネに狂っていた時代である。日本人がおかしくなったのは、あの頃からだといっても過言ではない。主婦から学生まで株に手を出していた。

筆者が株をやっていたのはバブルの前で、バブルが来る前に株からは撤退していた。だから、バブルが弾けても怪我することもなかった。株で儲かっていた頃は横浜に住んでいた。事業から撤退した後だったから資金も乏しかったが、株の取引は自分の得意な分野の自動車関係に絞った。だから損はしていない。株をやるならば、一喜一憂しないで、中長期に構えて自分の得意な分野の業界の株を買うことである。バブルの頃「こいつらは狂っている、そのうちに怪我するぞ」と公言して、調子に乗って株を手がけていた友人に、そろそろ撤退しろと助言した。友人からはバブルがはじけた後で、あんたの助言がなければ破産していた、命の恩人だと感謝された。

彼女はニューヨークへ来て、最初の六ヶ月間は夜カラオケ店でバイトをした。金にはならなかったが、それなりに楽しく過ごした。食べ物や飲み物の注文を取ったり、うるさく騒ぐ客とケンかをしたりして過ごした毎日であった。ウェートレスの経験はなかったので、社会勉強になった。しかし、おかげでカラオケが大嫌いになってしまったそうである。

一九八八年から二〇〇三年まで、読売アメリカという読売新聞の子会社で現地記者を務めた後、フリーランスになった。フリーランスになる思い切りの良さにも敬服する。最近の、日本の弱い男には真似ができないことである。

ささききんは、一級速記士の資格を持っている。だから、学校の勧めもあり東大阪市役所議会事務局に就職して、速記士として働いていた。なぜ速記士を選んだかと言えば、ありきたりの、お茶酌みのＯＬなどは御免だと考えていたからだった。しかし、公務員の生活は何かが違っていた。物足りなかったのである。

物足りなさを補うために、大阪のタウン誌の記事を書くようになる。そのうちに、アルバイトのタウン誌のほうが忙しくなり、だからといって役所を休むわけにもいかず、三日も徹夜をしたり、随分と無理も重ねた。今から考えると、公務員がバイトをするとは不良公務員であったとも言える。公務員と、記事を書くことのムチャがたたり、膵臓炎と胃潰瘍を併発して救急車で病院に担ぎ込まれ、そのまま入院となる。

担ぎ込まれた病院では、ベッドの空きがないからと、老人病棟の六人部屋に入れられた。結局五人のおばあちゃん達と、一〇日間過ごす羽目になる。いい加減な病院で、病院を抜け出して銭湯に行ったりもした。ささきさんは、一〇日間病院のベッドで過ごしながら、いかに自分が公務員に向いていないかを悟ることになったのである。だからといって、日本で一般の企業に転職する気にはなれなかった。お茶酌みOLにはなりたくなかったのである。

中学生の頃から、いつかは行ってやろうと考えていた、アメリカ行きを実行に移すことになる。彼女は、病院のベッドの上でニューヨーク行きを決心したのである。病が癒えてから一年が過ぎ、バイトで貯めたお金とわずかばかりの退職金を手に、一人でニューヨークへやってきた。いい度胸である。男でもなかなか真似ができない。

ニューヨークに来た時期も良かった。日米共に景気の良い時代で、六ヶ月のバイトのあと、大して探さなくても英文雑誌や、読売アメリカの仕事が入った。そうしているうちに、永住権のロッテリーにも当たった。彼女には運も味方していたと思う。神様はプラス思考の人間を好む。ツキは自分で呼び込むものなのだ。物事を常にポジティブに考え、後ろは振り返らない。これは筆者の生き方だが、ささきさんの生き方も同じように見えた。

マンハッタンのレストランで一緒に食事をしたときに、彼女は腰を痛めていた。マッサージで強くもんでもらって痛めたというではないか……。小雨が振っていたが、彼女は腰が痛くて傘を杖にしていた。腰が痛いのを我慢して食事に付き合ってくれた彼女には感謝であった。傘を杖にしたユーモラスな姿に、思わず噴き出しそうになったが、明日ニューヨークを発つ筆者に食事を付き合ってやろうという、優しさが嬉しかった。

　本文でも書いたが、今回初めてニューヨークを訪れて、ニューヨークが好きになった。ささききんに言わせると、ニューヨークが合わない人間と、合う人間は、はっきり分かれるそうである。筆者には、ニューヨークが合うように感じられた。大らかで、お互いにハッピーならそれでいいではないか……。これがニューヨーカーの良さである。日本とは違い、下らない格好はつけない。筆者も、今回の金融危機ではブッシュ政治を批判したが、ニューヨーカーが好きなことには変わりがない。ニューヨークにマンションを買って、一人で住んでみたいと思っている。英語は住んでからマスターすればよい。

　ささききんは、一級速記士の資格を持ちながら、英語もペラペラ、なんとも素晴らしい才能の持ち主である。ここで、『日刊ゲンダイ』に彼女が書いている「NY裏通信」を少し紹介させてもらう。


「金融危機で盛況！　バーテンダースクール」

　ニューヨークでは不景気になると、決まってバーテンダー養成学校が繁盛する……らしい。失業した金融マンや、大学を出ても職のない連中が、マンハッタンにある「アメリカン・バーテンダースクール」に集まってくるのだ。「去年の今ごろと比較すると、生徒数は二〇パーセントアップさ、毎日新しい生徒が三〇人ぐらい面接に来るよ。開校四〇年。

不景気になると生徒が増えるのがこの商売よ」とはデイレクター、ジョー・ブルーノ氏の弁。

一一月末、クラスを見学に行くと、二五人の生徒を前にインストラクターが、「そもそもバーテンとは」と熱弁講義の真っ最中。生徒の男女比は半々で、若者が多い中、どう見ても五〇代、六〇代の男女もいる。

ジョーいわく、不況で増えるのが中高年層の生徒……。ちょっと悲哀かも。でもみんな結構楽しそうなんだな。アメリカ人ってほんとにタフ。それにしても、この学校はスゴイ。二週間コースを終了すると、市内・全米のバーやナイトクラブに就職を斡旋してくれる。生徒一人につき、就職先の店はなんと一五〜二〇軒。このご時世に、引く手あまたのバーテンダー。この学校、フォーシーズンやリッツ・カールトンみたいな一流テルにも太いパイプを持っているとか。

帰りがけにジョーが言った。「不況でも人間ってのは酒を飲むのさ。それにね、不況だろうが金融危機だろうが、金を持っている奴は持っている。みんなバーで金を使うことはやめないね。別枠予算ってヤツよ。君ももうライターやめてバーテンダーやったら？　いい店を紹介するから」うーん、悩んではいけないが、悩むところだ……。

「テレビでコケにされるペイリン」

共和党の副大統領候補にサラ・ペイリンが指名されてからというもの、NBCの人気コメディ番組「サタデーナイトライブ（SNL）」が歴史的視聴率をマークしている。ペイリンそっくりの女優兼コメディエンヌ、ティナ・フェイが爆笑演技で全米を沸かせているのだ。

もともと似ている上に、ヘアスタイル、メガネ、服を同じにすると、まるで本人。あのペイリンの甲高い声と強烈ななまりを見事なまでに再現し、完璧にペイリンをコケにしている。

しかも、パロディーとはいえ、テレビのインタビューや記者会見で、実際にペイリンがやらかした大失態をそのままネタにしているから、現実味・シニカル度も抜群。

例えば——CBSのスターキャスター、ケイティ・コーリックとのインタビューで、自分が何を言っているのか分からなくなって黙り込んでしまったペイリン。副大統領討論会で、質問にも答えずに、暗記してきたスピーチをしゃべりだすペイリン——などなど。

お笑いトーク番組に出演したフェイは、「ペイリンは動物を殺すのよ」「最近『ティナ・フェイリン』って言われるの。嫌だわぁ」と駄目押し発言。おかげで、ペイリン人気も急降下、共和党は危機感さえ感じている。一八日のSNLにペイリンを殴りこみ出演させてみたが、ペイリンは嫌々やっているのがモロ分かり。ドッチラケで、さらに墓穴を掘る結果となった。

スターがいない共和党に、若い女性というだけで担ぎ出されたペイリン。こんなにテレビでバカにされるとは思ってもいなかっただろうなあ。選挙への影響はいかに？

ささききんのコラムは、毎週金曜日付の『日刊ゲンダイ』に連載されている。

おわりに

本書の主人公である白石良一氏が、二〇〇八年一一月初め、七年ぶりに日本へ一時帰国した。筆者も、横浜をご案内して、一日お付き合いを願った。白石さんは、東京で大学時代の友人たちと会って、旧交を温めたという。友人は、六本木ヒルズを案内したが、白石には何の感慨も湧かなかったと感想を述べた。筆者もあんな類の商業施設には興味もないから、横浜を案内したのである。横浜のほうが、まだ東京よりは救われる部分が多い……。

七年ぶりの日本の感想を白石さんに聞いてみた。益々閉塞感が強くなり、偽善や、欺瞞が大手を振って歩いていると白石さんは感想を述べた。エコ、エコと唱えながら、やることはまるで反対のことをやっている。国会議員が、クールビズとかで省エネを叫んでいながら、世界一多い自動販売機は放置され、街中の自動販売機は二四時間モーターを回し続けている。日本は欺瞞国家なのである。

ニューヨークには自動販売機がない。マンハッタンの街中には屋台が多く出ていて、コーラなどは屋台で買える。筆者の下手な英語でも、売り子とコミュニケーションが取れた。ニューヨーカーは下らない格好はつけない。「お互いにハッピーなら、それでいいではないか」。これがニューヨーカーなのである。マンハッタンで多く見られる屋台は、弱者の生活を助けている。キャブ・ドライバーは仕事に出れば自分一人、誰も助けてはくれないし、助けてやることも出来ない。だから、自立心の強い男が多い。誰の束縛も受けることがない、鳥のように自由な仕事である。

今回、アメリカ発の金融危機で、筆者もブログでアメリカを非難した。しかし、オバマを大統領に選んだアメリカ国民に拍手を送りたい。オバマならアメリカをチェンジしてくれる。今回の金融危機でアメリカを嫌いになった人も少なくない。しかし、ニューヨーカーは相変わらずひたむきに生きている。筆者は、ブッシュは嫌いだが、ニューヨーカーが好きなことには変わりがない。

白石は、もちろん日本に戻るつもりはない。二週間滞在して、成田からニューヨークへ飛び立った。鳥のように自由なキャブ・ドライバーを気に入っている。そして、すべてに大らかなニューヨーカーが好きなのである。マンハッタンをひた走り、多くの国の人々と接しながら、白石は、これからも楽しんでキャブ・ドライバーを続けていくことであろう。

今回のテーマに、賛同と大変なご努力をいただきました、花伝社社長・平田勝氏に心から厚くお礼申し上げます。最後に、「ささきさん」さんと、白石良一さんのご協力に感謝申し上げます。お二人のご協力が無ければこの本は完成できませんでした。ありがとうございます。

若宮 健（わかみや けん）

1940年秋田県に生まれる。

トヨタ自動車のディーラーに19年勤務。メカニック、営業マン、営業所長を経験。営業マン13年で新車を1200台販売。独立後、自動車販売会社を経営するも3年で撤退。その後は損保代理店などを経営。選手として出場したスポーツは、スキー、ボクシングなど。ラリーにも出場。

著書に、『タクシードライバーほど素敵な商売はない』(エール出版)、『タクシードライバー千夜一夜物語』(K＆Kプレス)、『失敗から学ぶ』(花伝社)、『打ったらハマる　パチンコの罠　PART 1、2』(社会批評社）など。

http://www.wakamiyaken.jp

TAXI・ニューヨーク

2009年3月16日　初版第1刷発行

著者 ―― 若宮　健
発行者 ―― 平田　勝
発行 ―― 花伝社
発売 ―― 共栄書房
〒101-0065 東京都千代田区西神田2-7-6 川合ビル
電話　03-3263-3813
FAX　03-3239-8272
E-mail　kadensha@muf.biglobe.ne.jp
URL　http://kadensha.net
振替　00140-6-59661
装幀 ―― 水橋真奈美（ヒロ工房）
印刷・製本 ― 中央精版印刷株式会社

ISBN978-4-7634-0540-1 C0036